Kohlhammer

Karlotta Stahl

Jetzt entscheide ich

Mein erstes Jahr als Strafrichterin

Verlag W. Kohlhammer

Dieses Werk einschließlich aller seiner Teile ist urheberrechtlich geschützt. Jede Verwendung außerhalb der engen Grenzen des Urheberrechts ist ohne Zustimmung des Verlags unzulässig und strafbar. Das gilt insbesondere für Vervielfältigungen, Übersetzungen, Mikroverfilmungen und für die Einspeicherung und Verarbeitung in elektronische Systeme. Für den Inhalt abgedruckter und verlinkter Websites ist ausschließlich der jeweilige Betreiber verantwortlich. Die W. Kohlhammer GmbH hat keinen Einfluss auf die verknüpften Seiten und übernimmt hierfür keinerlei Haftung.

Titelbild: © Tatiana Sidorova – stock.adobe.com

1. Auflage 2025

Alle Rechte vorbehalten
© 2025 Verlag W. Kohlhammer GmbH Stuttgart
© W. Kohlhammer GmbH, Stuttgart
Gesamtherstellung: W. Kohlhammer GmbH, Stuttgart

Print:
ISBN 978-3-17-045628-0

E-Book-Formate:
pdf: ISBN 978-3-17-045629-7
epub: ISBN 978-3-17-045630-3

Inhalt

Vorwort		7
Triggerwarnung		11
Kapitel 1	Richterin auf Probe	13
Kapitel 2	Der Sitzungshaftbefehl	23
Kapitel 3	Das Verbot der Protokollverlesung	37
Kapitel 4	Der Befangenheitsantrag	59
Kapitel 5	Die Strafaussetzung zur Bewährung	73
Kapitel 6	Richterliche Ordnungsmittel	89
Kapitel 7	Der Irrtum des Straftäters	107
Kapitel 8	Das Fahrlässigkeitsdelikt	127
Kapitel 9	Der Bewährungswiderruf	143
Kapitel 10	Die Beschlagnahme von Beweismitteln	159
Kapitel 11	Die Ernennung auf Lebenszeit	177
Danke		185

Vorwort

Als ich zum ersten Mal in einer Vorlesung für Strafrecht saß, war ich siebzehn. Es war im Herbst vor meinem Abitur, meine Mutter hatte mir eine Entschuldigung für die Schule geschrieben um mit mir zu einem Tag der offenen Universität zu fahren. Ein Entschluss, der damals von den Lehrern misstrauisch beäugt wurde – sie dachten wohl, ich würde in Wirklichkeit Eis essen und shoppen gehen. Meine Klassenlehrerin hielt mein Engagement für unnötig, wir waren doch mit der ganzen Klasse einen Tag lang in einem Berufsberatungszentrum gewesen. Mich hatte das Ergebnis des dortigen Tests am Computer allerdings wenig überzeugt. Tierpflegerin sollte ich werden, schließlich mochte ich Tiere und die Natur und war schlecht in Mathe. Im Nachhinein bin ich meiner Mutter sehr dankbar dafür, dass sie mit mir an die Universität gefahren ist. Zu zweit sind wir wie die Gilmore Girls mit großen Augen über den Campus gegangen und sind eingetaucht in diese für uns völlig fremde Welt. Wir haben Vorlesungen von allen Fächern angehört, die mich interessierten: Psychologie, Journalismus, Medizin, Mediengestaltung. Und natürlich: Jura.

Ich erinnere mich noch heute daran, es war eine Strafrechtsvorlesung, gehalten von einem Professor, bei dem ich Jahre später tatsächlich mein Examen schreiben sollte. »Ich möchte Sie zu einem Experiment einladen«, hatte der hagere Mann im hellblauen Hemd begonnen. »Zu einem Gedankenexperiment. Ich verspreche Ihnen, Sie müssen dazu auch noch kein Strafrecht-Profi sein.« Dann hatte er einen simplen Fall geschildert. Ein Mann gerät mit einem anderen Mann in Streit. Er hebt einen Stein vom Boden auf und schlägt dem anderen den Stein gegen den Kopf. Das Opfer erleidet eine Platzwunde. »Das ist eine gefährliche Körperverletzung«, erklärte der Professor. »Die Körperverletzung dürfen Sie annehmen, weil der Schlag mit dem Stein das Opfer misshandelt und an der Gesundheit schädigt. Diese Definition finden Sie in § 223 Strafgesetzbuch.« Mit einem Beamer warf der Professor die Norm an die Wand, die ich im Laufe der nächsten Jahre wohl an die tausend Mal lesen würde. Mit einem leisen Klicken wechselte er zur nächsten Folie.

»In § 224 Strafgesetzbuch erklärt der Gesetzgeber Ihnen, was eine gefährliche Körperverletzung ist. Wir benutzen den Absatz 1 Nummer 2: Wer die Körperverletzung mittels einer Waffe oder eines anderen gefährlichen Werkzeugs begeht, wird mit Freiheitsstrafe von sechs Monaten bis zu zehn Jahren bestraft. Wir müssen uns also fragen, ob der Stein eine Waffe oder ein gefährliches Werkzeug ist. Jetzt wird es juristisch, denn jetzt müssen Sie sich fragen, was der Gesetzgeber mit seiner Norm gemeint hat. Ich möchte Ihnen helfen: ein gefährliches Werkzeug im Sinne des § 224 Strafgesetzbuch ist jeder Gegenstand, der unter Berücksichtigung seiner Beschaffenheit und der Art seiner konkreten Verwendung abstrakt geeignet ist, erhebliche körperliche Verletzungen beim Angegriffenen hervorzurufen.«

Er machte eine kurze Pause und zeigte mit dem Beamer die Definition für alle noch einmal an.
»Was glauben Sie, ist der Stein hier ein solches gefährliches Werkzeug?«
Niemand meldete sich.
»Wenn Sie berücksichtigen, dass der Stein hart ist und gegen einen Kopf geschlagen wird, kann er dann erhebliche Verletzungen hervorrufen?«
Die Menge nickte zustimmend.
»Genau«, sagte der Professor, »der Stein ist ein gefährliches Werkzeug. Der Schlag mit dem Stein ist eine gefährliche Körperverletzung. Das, meine Damen und Herren war allerdings noch nicht schwierig, die wirklich spannende Frage kommt jetzt: Was passiert,

wenn unser Täter nicht den Stein von der Straße aufhebt und ihn an den Kopf des Opfers schlägt, sondern stattdessen sein Opfer zu Boden ringt und seinen Kopf auf die Straße schlägt? Handelt es sich dann immer noch um eine gefährliche Körperverletzung? Ist in diesem Fall die Straße ein gefährliches Werkzeug?«
Im Vorlesungssaal war es mucksmäuschenstill. Alle versuchten, die Gedankengänge des Professors nachzuvollziehen.
Der Professor wandte sich zu der weißen Wand, die der Beamer bestrahlte. »Laut unserer Definition ist ein gefährliches Werkzeug ein Gegenstand. Ist aber die Straße ein Gegenstand? Ich kann sie schließlich nicht aufheben wie den Stein. Kann sie demnach überhaupt ein gefährliches Werkzeug sein? Und was ist, wenn sie keines ist? Ist der Täter dann nur wegen einfacher Körperverletzung zu bestrafen? Und wäre das nicht ungerecht? Denn kann es für die Frage der Schuld einen Unterschied machen, ob der Täter dem Opfer einen Stein gegen den Kopf schlägt oder ob er den Kopf des Opfers auf die Straße schlägt, die aus Steinen besteht?«

Der Professor hat die Frage an diesem Tag nicht beantwortet. »Ich habe Sie eingangs zu einem Gedankenexperiment eingeladen«, schloss er seine Vorlesung, »Ich wollte Sie allerdings nicht zu einem Experiment mit dem Recht einladen. Sondern vielmehr zu einem Experiment mit sich selbst. Wenn Sie mir folgen konnten – und ich hoffe, einige von Ihnen konnten das – dann haben Sie sich gerade binnen kurzer Zeit ein handfestes rechtliches Problem erschlossen. Ein Problem, wie es Ihnen als Jurist oder Juristin ständig unterkommen kann. Ich verspreche Ihnen: wenn Sie an derartigen Gedankenspielen Spaß haben, dann sind Sie zumindest in meiner Vorlesung richtig. Dann sollten Sie sich für ein Jurastudium bewerben.«

Ich für meinen Teil habe den Professor beim Wort genommen. Ich habe mich für ein Jurastudium eingeschrieben. Ich habe es durchlaufen, mit allen Höhen und Tiefen und erfolgreich abgeschlossen. Seit ich 25 Jahre alt bin, besteht mein Job aus dem, was mir der

Professor mit dem hellblauen Hemd damals schmackhaft machte: Strafrecht. Denn ich durfte in die Justiz einsteigen und erst als Staatsanwältin und dann als Strafrichterin arbeiten. Aus heutiger Sicht kann ich Ihnen sagen: Das, was der Professor versprochen hatte, ist nichts gegen das, was das wahre Leben des Strafprozesses und die wirkliche Praxis bei Gericht bieten kann. Deshalb ist es heute an mir, Sie einzuladen. Wagen Sie mit mir ein kleines Experiment. Werfen Sie einen Blick hinter die Kulissen des Gerichts und schauen Sie mir über die Schulter. Kommen Sie mit mir in den Verhandlungssaal, stöbern Sie in meinen Strafverfahren und Fällen, grübeln Sie mit mir über Freiheitsstrafen, Bewährungswiderrufe, über Wahrheit und Lüge, über Recht und Unrecht. Lernen Sie Angeklagte, Zeugen, Opfer, und meine Kolleginnen und Kollegen kennen und machen Sie sich Ihr ganz eigenes Bild davon, was Strafrecht in der Praxis wirklich bedeutet!

Herzlichst,

Karlotta Stahl

Triggerwarnung

Die Strafverfahren, von denen ich in diesem Buch erzähle, haben sich alle so oder zumindest so ähnlich in meiner richterlichen Praxis zugetragen. Die Erzählungen enthalten Schilderungen von Gewalt, von sexuellem Missbrauch, von selbstverletzendem Verhalten und von Betäubungsmittelmissbrauch.

Zum Schutz von Persönlichkeitsrechten sind alle beschriebenen Personen und Verfahren so weitgehend abgewandelt, dass eine konkrete Zuordnung nicht mehr möglich ist.

Kapitel 1
Richterin auf Probe

§ 12 Deutsches Richtergesetz

(1) Wer später als Richter auf Lebenszeit oder als Staatsanwalt verwendet werden soll, kann zum Richter auf Probe ernannt werden.

(...)

»Ich kann das. Ich bin vorbereitet«, sagte ich laut zu mir selbst und atmete tief ein und aus. »Ich kann das. Ich bin vorbereitet.« Einatmen. Ausatmen. Ich stand vor dem Fenster meines neuen Büros und schloss mit zittrigen Fingern die Knöpfe meiner Robe. Das Amtsgericht war die zweite Station meiner Probezeit geworden. Vor einer Woche hatte ich meine Koffer ausgepackt und mein neues Büro eingerichtet. Ein paar Bücher, meine Lieblingskaffeetasse und eine unglaublich hässliche, fast verstorbene Yukka-Palme aus Studienzeiten waren alles, was ich mitgebracht hatte.

Innerhalb eines Tages, mit einer kurzen Vereidigung und einem Wechsel von Stadt, Arbeitsplatz und Kollegium, war ich von der Staatsanwältin zur Richterin geworden. Richterin mit 27 Jahren. Das klingt völlig verrückt. Es klingt nach einem fließenden Übergang vom Studentenleben zu einem der krassesten Berufe der Welt. Von Nutella-Toast mit Kakao zu Birchermüsli und Filterkaffee. Von Punkrockkonzert zu Opernball. Quasi über Nacht. Als hätte ich gestern noch nach einer WG-Party bei Freunden auf der Couch schlafen müssen, weil ich auch den letzten Nachtbus verpasst hätte – und mir heute die schwarze Robe angezogen. Ein ganz klein wenig fühlte es sich für mich so an. Aber natürlich nur ein ganz klein wenig.

Also noch mal: Gedanken sortieren. Einatmen, Ausatmen. Ich kann

Kapitel 1 – Richterin auf Probe

das. Außerdem war das Amtsgericht schließlich schon meine zweite Stelle in der Justiz. Zwischen Klappsofa und Richtertisch hatten immerhin zwei Jahre Tätigkeit bei der Staatsanwaltschaft gelegen! Zwei wirklich tolle Jahre, die ich nur ungern beendet hatte. Denn an diesem Tag war ich mir noch nicht sicher, ob ich wirklich Richterin sein wollte. Richterin. Das klang unglaublich ernst. So würdevoll. So sehr nach »Euer Ehren« und so wenig nach Karlotta. Ich war nicht sicher, ob das zu mir passen könnte. Und gleichzeitig war dieser Beruf der Traum so vieler Jurastudierender. Ein Traum, den ich fast nicht gewagt hätte zu träumen, weil ich nie geglaubt hatte, es einmal so weit schaffen zu können. Jetzt am Ziel meiner juristischen Träume, fühlte ich mich plötzlich nicht bereit dazu. Zu groß schien mir auf einmal diese Aufgabe, zu gering meine Erfahrung als Juristin. Allein der Gedanke für die Freiheit und die Sicherheit anderer Menschen verantwortlich zu sein, verursachte mir Übelkeit. *Ich meine, was wäre, wenn ich eine falsche Entscheidung treffen würde? Dann würden Menschen unschuldig hinter Gittern sitzen, wären ohne Grund ihrer Freiheit beraubt. Und gleichzeitig könnte mir versehentlich ein Straftäter entkommen und weiter anderen Menschen Schaden zufügen.* Halt, ich schüttelte den Kopf und versuchte, mich zu beruhigen. Meine Gedanken waren schon wieder in die völlig falsche Richtung gerannt. »Ich kann das. Ich bin vorbereitet. Ich werde keinen Mörder laufen lassen. Zumindest nicht heute.« Zweifel hin oder her, es gab kein Zurück. In wenigen Minuten würde ich meinen ersten eigenen Strafprozess leiten müssen. Bei dem Gedanken daran spürte ich meinen Puls wieder nach oben schnellen und meinen Magen flau werden. Einatmen, ausatmen, versuchte ich es deshalb noch einmal.

Die Stelle am Amtsgericht hatte ich mir nicht ausgesucht. Ich wäre lieber bei der Staatsanwaltschaft geblieben und hätte mich dort gern spezialisiert. Ich hätte so gern das Jugendstrafrecht tiefer bearbeitet, dann vielleicht eines Tages in die Spezialabteilung gewechselt. Aber ich hatte keinen Einfluss auf meine Versetzung. Man hatte

Kapitel 1 – Richterin auf Probe

mich – mehr oder weniger – gezwungen, die Stelle am Amtsgericht anzutreten. Das lag nicht an meiner Arbeit und erst recht nicht an mir. Es war im Grunde ein ganz normaler Prozess, da man sich in der Justiz manchmal nicht aussuchen kann, wo man arbeitet. Hier gelten einfach etwas andere Regeln als in anderen Berufen. Und bei der Personalplanung fühlt man sich manchmal an Monopoly erinnert. Vor allem in der Probezeit. Über mehrere Jahre hinweg ist Planungssicherheit für Einsteigende ein Fremdwort, denn jederzeit kann ein Anruf der Personalabteilung eine kurzfristige Versetzung an eine andere Behörde, in eine andere Stadt oder gar an das andere Ende der Republik bedeuten. Nach zwei Jahren bei der Staatsanwaltschaft, nachdem ich endlich das Gefühl hatte, mich gut eingearbeitet zu haben und diesem Job gewachsen zu sein, nachdem ich wusste, wie ich zu ermitteln und zu verhandeln hatte, gerade dann, als ich mich so richtig eingelebt hatte und ich mich fühlte wie eine echte Staatsanwältin, klingelte auch mein Telefon. Ich hatte sechs Wochen Gnadenfrist, dann ging es in eine andere Stadt, an eine andere Stelle. Also einmal alles neu, alles auf Anfang. Büro aufräumen, Yukka-Palme schnappen, Koffer packen. Adieu Staatsanwaltschaft. Hallo Richterrobe.

Im Gegenlicht meines Bürofensters konnte ich schemenhaft mein Spiegelbild erkennen und überprüfte noch einmal, ob ich die richtigen Knopflöcher getroffen hatte oder ob auch meine Robe so zerfahren aussehen würde, wie ich mich in meiner ersten Arbeitswoche als Richterin fühlte. Ich würde mir unbedingt einen richtigen Spiegel für mein neues Büro zulegen müssen; das Fenster war keine Dauerlösung. Aber fürs erste war es wohl besser als nichts, dachte ich mir. »Ich kann das. Ich bin vorbereitet.« Einatmen. Ausatmen. »Ich kann das. Ich bin vorbereitet.« Wenn ich mir etwas lang genug einrede, glaube ich es für gewöhnlich selbst irgendwann. Manifestieren heißt das auf Instagram. Ich nenne es gezielten Selbstbetrug. Ich praktiziere das seit der ersten Klausur im Jurastudium und meistens funktioniert das gut. An diesem Tag klappte es nicht.

Seit einer Woche war ich nun offiziell Richterin. Ich hatte noch keine Zeit gehabt die neuen Kolleginnen und Kollegen kennenzulernen und mich in dem großen Gerichtsgebäude und der neuen Stadt zurecht zu finden. Ich hatte mir kaum den Weg zu meinem Büro und zu meiner Geschäftsstelle gemerkt.

Meine Geschäftsstelle fungiert quasi als Zentrale meines Richterinnen-Referats. Dort wohnen alle Akten, für die ich zuständig bin. Zumindest normalerweise, also dann, wenn sie sich nicht gerade in meinem Büro stapeln. Und dort arbeitet Frau Wegener. Frau Wegener leitet meine Geschäftsstelle – oder wie man im Gerichtsjargon sagt – sie »ist« meine Geschäftsstelle. Frau Wegener hat einen Überblick über alle Verfahren, über alle Fristen und alle Akten. Sie überwacht, dass jede Akte rechtzeitig den Weg in mein Büro findet, wenn ich als Richterin etwas damit tun muss.

Soviel hatte ich schon verstanden. Was genau ich eigentlich tun musste, versuchte ich in vielen Fällen noch herauszufinden. In meiner ersten Arbeitswoche hatte ich die wichtigsten Akten in meinem neuen Referat durchgesehen und versucht, mich mit den Abläufen vertraut zu machen. Und ich hatte festgestellt, dass ich wieder von Null anfangen würde. Ich hatte keine Ahnung. Zugegeben, das ist vielleicht ein wenig übertrieben, zumindest fachlich konnte ich schon ein bisschen auf meine Erfahrungen der letzten zwei Jahre aufbauen. Denn ich hatte Glück gehabt: auch als Richterin war ich wieder im Strafrecht gelandet. Das war von Vorteil, denn immerhin musste ich mich nicht in ein neues Rechtsgebiet einarbeiten. Davon ab war aber auch hier wieder alles neu für mich. Vom Computerprogramm, mit dem ich meine Dokumente erstellen sollte, über die Zuständigkeiten der Leute, die ich sowieso alle nicht kannte, bis hin zur Aktenführung fing ich noch einmal an, als wäre ich gerade frisch von der Uni gekommen.

Und heute war es am schlimmsten, denn heute war mein erster Verhandlungstag. Schon in der ersten Arbeitswoche eine Verhandlung leiten zu müssen, fand ich ganz schön hart. Aber auch insoweit hatte ich keine Wahl gehabt. Denn schon Wochen bevor ich über-

Kapitel 1 – Richterin auf Probe

haupt einen ersten Fuß in das Amtsgericht gesetzt hatte, hatte Frau Wegener einige Verfahren für mich terminiert. Terminiert heißt zu Deutsch, sie hatte einen Saal für die Verhandlung reserviert und die Prozessbeteiligten und Zeugen eingeladen. Auch das würde künftig zu meinen Aufgaben gehören. Für den Anfang hatte Frau Wegener mir das abgenommen. Sie hatte es gut mit mir gemeint und hatte für meinen ersten Verhandlungstag nur einige wenige und ihrer Ansicht nach auch »einfache« Verfahren ausgesucht. Nur drei Termine waren auf der Liste vermerkt, die ganz oben auf meinem Stapel roter Akten auflag. Drei kurze Termine. Keine drei Stunden, dann würde ich es hinter mir haben. Drei kleine, unkomplizierte Verfahren. Das war nichts, was ich nicht schaffen konnte. Nichts, was ich nicht aus der Theorie und von anderer Seite des Prozesses schon kannte. Nichts, was sich nicht mit sauberer Arbeit am Gesetz würde lösen lassen. Einatmen. Ausatmen.

Zu diesem Zeitpunkt konnte ich noch nicht ahnen, als wie falsch sich Frau Wegeners Einschätzung zu den ausgewählten Verfahren herausstellen würde. Und wie weit entfernt von Recht und Gesetz ich meine erste Entscheidung als Richterin gleich würde treffen müssen.

Die drei kleinen Fälle, die Frau Wegener für heute terminiert hatte, hatte ich in den letzten zwei Tagen detailliert vorbereitet. Ich hatte die Akten hoch und runter gelesen, alle potenziellen rechtlichen Probleme recherchiert und mir den Ablauf der Verhandlung und die Texte, die ich so von mir zu geben hatte, auf Spickzetteln notiert. So richtig dumm und ausführlich, als hätte ich noch nie in einer Verhandlung gesessen. Kurzum, ich war wirklich denkbar gut und völlig übertrieben vorbereitet.

Und trotzdem war ich nervös. Aller Vorbereitung und allem Selbstbetrug zum Trotz. Manifestation am Ar*** – ich hatte einfach noch nie als Richterin verhandelt. Ich würde in der Rolle völlig anders agieren müssen, als ich es in den letzten zwei Jahren als Staatsanwältin getan hatte. Ich würde nicht mehr an der Seite sitzen. Nein, mein Platz war jetzt der in der Mitte! Alle Augen würden auf mich gerichtet sein. Ich würde nicht mehr warten und beobachten können, was passieren würde. Nein, ich würde die Verhandlung leiten müssen. Allein. Und vor allem würde ich nicht mehr einfach sagen können, was ich gerade dachte. Den lügenden Zeugen mit »Das glauben Sie doch selbst nicht!« auflaufen lassen, ab und an lauter werden, leise Schimpfwörter – all das konnte ich mir jetzt nicht mehr leisten. Ich würde mich mit meiner Meinung arg zurückhalten müssen. Zumindest, wenn ich nicht schon gleich zu Beginn den ersten Befangenheitsantrag kassieren wollte. Oh Gott, ein Befangenheitsantrag, wenn mir das schon in der ersten Verhandlung passiert, dann sterbe ich, dachte ich und hatte meine Manifestation endgültig aufgegeben.

Ich warf noch einmal einen Blick in das Fenster. Die Robe saß. Ich schlüpfte aus meinen Turnschuhen und zog die hohen schwarzen Pumps unter dem Schreibtisch hervor. Ich hatte ein paar neue Verhandlungsschuhe gekauft. Ich bin von Natur aus nicht besonders groß. Als Staatsanwältin hatte ich in der Verhandlung zwar auch schon immer Pumps getragen, aber hier konnten ein paar Zentimeter mehr sicher nicht schaden, dachte ich mir. Außerdem verschaffte mir das Klacken der Absätze auf den Fliesen der Gänge des Gerichts für gewöhnlich einen kleinen Push für das Selbstbewusstsein und den gewünschten Auftritt. Oder waren Highheels in der schwarzen Robe jetzt als Richterin vielleicht doch etwas unpassend? Konnte ich als Richterin Highheels tragen, fragte ich mich plötzlich und sah an dem schwarzen Umhang herunter zu den schönen, schlanken, aber zweifelsohne auch sehr hohen Schuhen.

Anderseits waren die einzige Alternative die Sneaker, die ich gerade unter meinen Schreibtisch geschoben hatte. Die erschienen mir noch weniger würdevoll und richterlich. Warum hatte ich nicht einfach ein paar schlichte Schuhe gekauft? Ich unterdrückte den nächsten Adrenalinausstoß. Ein Blick auf meine Uhr bestätigte, was ich im Grunde wusste: es half jetzt alles nichts mehr. Mit oder ohne Highheels, ich musste jetzt los, denn in nur drei Minuten würde meine erste Verhandlung beginnen. Mit einem letzten Blick ins Fenster schnappte ich den vorbereiteten Stapel Akten und Notizen von meinem Schreibtisch und verließ mein Büro. Bereit oder nicht, es ging jetzt los!

Ich hatte mir meinen ersten Auftritt als Richterin oft ausgemalt. Ich würde mit klackendem Absatz den Gang des Gerichts herunterschreiten, die Robe würde um mich wehen wie der Umhang von Batman. Ich würde die Tür zum Verhandlungssaal öffnen. Die Parteien, die Protokollantin, die Zeugen und Zuschauer würden schon im Saal auf mich warten und sich respektvoll erheben. Würdevoll würde ich zum Richtertisch schreiten und mit einem freundlichem Lächeln sagen: »Bitte setzen Sie sich.« Elegant würde ich meine Robe nach hinten streichen und in der Mitte des langen Tisches Platz nehmen. Ich würde freundlich, aber nicht zu freundlich lächeln und mich vorstellen: »Mein Name ist Stahl, ich bin heute die vorsitzende Richterin.« Nur die heroische Musik von Hans Zimmer würde fehlen. Leider sah die Realität meines ersten Auftritts an diesem Tag anders aus. Ganz anders.

Ich war zu früh. Es waren nur drei Minuten, ich erinnere mich noch genau an meinen letzten Blick auf die Uhr, bevor ich das Büro verlassen hatte. Aber es waren drei Minuten zu viel. Denn meine Protokollantin war offensichtlich noch nicht im Verhandlungssaal. Die Beteiligten saßen noch auf den Bänken im Gang vor dem Saal. Das hatte ich in der Aufregung nicht bemerkt. Ich sah wohl, dass dort Leute saßen und auf etwas warteten. Aber die hätten ja auch wegen einer Verhandlung eines Kollegen gekommen sein können. Also nickte ich nur freundlich und griff schwungvoll nach der Tür des Saales. Mit einem dumpfen »Rumms« prallte ich unsanft dagegen. Mit den schönen schwarzen Highheels, mit meinem linken Ellenbogen und mit der Stirn. Autsch. Die Tür war verschlossen. Das war angesichts dessen, dass die Protokollantin noch nicht im Saal war, im Grunde nur logisch. Aber auch das hatte ich in der Aufregung nicht bedacht. Nach zwei weiteren erfolglosen Versuchen, die schwere Tür aufzudrücken, dämmerte mir, dass ich die Erste hier war und ich die Tür erst aufsperren musste. Ich versuchte mir die Stirn zu reiben, die von dem unsanften Aufprall an der Tür etwas schmerzte und hoffte dabei, dass ich dort nicht auch noch einen roten oder gar blauen Fleck bekommen würde. Selbst das war aber angesichts der Aktenstapel in meinem Arm gar nicht so einfach. Mein erster Auftritt war deutlich weniger würdevoll, als ich es mir vorgestellt hatte, dachte ich und versuchte mich wieder zu sammeln. Aber es kam noch schlimmer.

Während ich in nach dem elektronischen Schlüssel für die Saaltür suchte und versuchte, unter meiner langen Batman-Robe an die Taschen meiner Jeans zu gelangen, verrutschte mein Aktenstapel schon wieder. Ein Herr, der neben dem Saal gesessen hatte, kam mir zu Hilfe. Er war etwa Mitte fünfzig und trug einen Anzug; eine zerknüllte Robe hing über seinem Arm. Er musste Verteidiger sein. Oder aber der Staatsanwalt. Er lächelte und bot mir mit einer charmanten Geste an, meinen Stapel Akten abzunehmen. Ich wollte meine sensiblen Akten samt persönlicher Notizen natürlich nicht in den Händen einer Prozesspartei wissen.

»Danke, es geht schon«, lehnte ich deshalb freundlich ab und bekam endlich meinen Schlüssel zu fassen. Der Herr hatte sich währenddessen lässig an die Wand neben der Saaltür gelehnt.

»Wie ist denn die Neue so?«, fragte er und zog die Augenbrauen nach oben. Ich sah ihn verständnislos an.

»Bitte?«, fragte ich.

»Na die neue Richterin! Wir verhandeln doch heute bei ihr oder nicht?«, erläuterte er.

»Äh ja, natürlich«, brachte ich hervor. Ich wusste nicht, was ich sagen sollte. Offenbar hielt er mich für die Protokollantin. Naja, immer noch besser als für die Praktikantin, dachte ich noch. Das war mir nämlich bei der Staatsanwaltschaft schon oft genug passiert.

Da rutschte mir in dem Versuch endlich die Tür zum Saal zu öffnen, ohne meinen Aktenstapel in die helfenden Hände des Anwalts zu legen, der ganze Stapel Akten mit einem lauten Knall zu Boden. Um meinen Auftritt endgültig zu zerstören, hätte es wirklich gereicht,

Kapitel 1 – Richterin auf Probe

dass ich jetzt auf Knien vor den Prozessbeteiligten im Gang des Gerichts meine Akten zusammenklauben musste. Aber nein, meine viel zu ausführlichen Anfänger-Notizen zum ersten Fall fielen dem Kollegen Verteidiger auch noch direkt vor die Füße! Er hob sie auf und warf natürlich direkt einen neugierigen Blick darauf.
»Ach so«, lachte er, »Sie sind die Praktikantin!«, er deutete in Richtung Saal, »deshalb kennen Sie wohl auch die Technik mit den Türen noch nicht!«

Ich wollte im Boden versinken. Oder schreiend im Kreis laufen. Die Praktikantin. Mal wieder. Es konnte doch nicht wahr sein. Mit Mühe brachte ich trotzdem ein Lächeln zustande. Vielleicht war es keine Absicht gewesen. Und bei der Ausführlichkeit meiner Notizen hätte man wohl wirklich annehmen können, ich würde noch studieren. Samt des neu sortierten, wenn auch sehr wackligen Aktenstapels richtete ich mich auf. »Danke für die Blumen, Herr Kollege,« antwortete ich so freundlich wie möglich, während ich dem Anwalt meine Notizen abnahm und mit dem Fuß endlich die Tür zum Sitzungssaal aufstieß. »Aber meine Praktikantenzeit liegt schon ein Weilchen zurück. Ich bin die Neue, mit der Sie heute verhandeln dürfen. Stahl mein Name.«
Ich hätte an dieser Stelle mit einer kleinen Entschuldigung oder zumindest einem Moment betretenen Schweigens gerechnet. Stattdessen musterte er mich von oben bis unten, zumindest soweit das unter der weiten Robe möglich war. Bei meinen Schuhen angekommen, stoppte sein Blick. »So so«, sagte er und legte den Kopf schief, »Highheels in der Richterrobe. Das ist mal was Neues.« Er drehte sich zu einem weiteren Mann, der auf der Bank vor dem Sitzungssaal wartete. »Finden Sie nicht auch?«, fragte er ihn. Der andere Mann lachte leise.
Ich verfluchte innerlich meine Überpünktlichkeit, meine Ungeschicktheit, meine Schuhe und diese blöde Tür mit der noch blöderen Technik. Dann verschwand ich im Sitzungssaal hinter meinem Richtertisch. Eine passende Antwort fiel mir nicht mehr ein. Dazu

war es ohnehin zu spät. Denn Schlagfertigkeit setzt ja immer ein gewisses Timing voraus. Mein Timing würde ich künftig eindeutig verbessern müssen. Denn so viel hatte ich jetzt gelernt: den perfekten Auftritt in der Richterrobe bekommt nicht, wer zu früh im Saal erscheint. Nie wieder würde ich überpünktlich zur Verhandlung gehen. Warum auch. Ohne mich konnte ohnehin niemand anfangen.

Künftig würde ich lieber drei Minuten zu spät als drei Minuten zu früh hier sein, nahm ich mir vor, als endlich auch die Protokollantin ihren Platz einnahm.

Kapitel 2
Der Sitzungshaftbefehl

§ 230 Strafprozessordnung

(1) Gegen einen ausgebliebenen Angeklagten findet eine Hauptverhandlung nicht statt.

(2) Ist das Ausbleiben des Angeklagten nicht genügend entschuldigt, so ist die Vorführung anzuordnen oder ein Haftbefehl zu erlassen, soweit dies zur Durchführung der Hauptverhandlung geboten ist.

Die erste Verhandlung begann entsprechend meines ersten Auftritts an der Tür. Holprig und irgendwie ein bisschen schmerzhaft. Die Protokollantin musste den offiziellen Aufruf zur Sache vornehmen, weil ich nicht vor Augen und Ohren des Staatsanwalts fragen wollte, mit welchem der vielen Knöpfe die Lautsprecher aktiviert werden. Meine zweite Lektion war also: Die Technik im Verhandlungssaal immer vorher angucken, bestenfalls auch ausprobieren.

Zum Glück rettete meine Protokollantin die Situation und übernahm den Aufruf zur Sache, bevor jemand anderes merkte, dass ich die Knöpfe der Anlage anschaute wie Hieroglyphen.

Die Lautsprecheranlage surrte über die Flure: »In der Strafsache Harald Rosendorn bitte in Sitzungssaal 245 eintreten.«

Ich richtete mich erwartungsvoll auf und strich über meine Notizen. Natürlich hatte ich auch die Strafsache Harald Rosendorn akribisch vorbereitet. Zeugen und der Staatsanwalt hatten bereits Platz genommen.

Kapitel 2 – Der Sitzungshaftbefehl

Ich hatte mit einer einfachen Verhandlung gerechnet. Dem Angeklagten Harald Rosendorn wurde vorgeworfen stark alkoholisiert mit einem elektrischen Rollstuhl einen Fußgänger angefahren zu haben. Die Polizei hatte Harald Rosendorn auf den Anruf des Passanten hin aufgelesen und seine Alkoholisierung sowohl über einen Atemalkoholtest als auch mit einer Blutuntersuchung festgestellt. Die Beweislage war also recht einfach. Aber der Angeklagte kam nicht. Dass der Angeklagte nicht zur Hauptverhandlung gekommen war, war für mich nicht weiter verwunderlich. Der Grad der Alkoholisierung, den die Polizei festgestellt hatte, ließ darauf schließen, dass Harald alkoholgewöhnt, um nicht zu sagen alkoholabhängig war. Sein Ausbleiben war prozessual auch nicht weiter problematisch. Nicht erscheinende Angeklagte kommen häufiger vor, als man denken mag, und der Gesetzgeber hat glücklicherweise umfangreiche Lösungen im Petto. Lösungen, die ich natürlich kannte und in meinen Notizen vorbereitet hatte.

Grundsätzlich gibt es bei nicht zur Verhandlung erscheinenden Angeklagten drei mögliche Maßnahmen: Die erste Möglichkeit ist der Erlass eines sogenannten Sitzungsstrafbefehls. Wenn ich festgestellt habe, dass der Angeklagte definitiv die Ladung zum Termin erhalten hat und er trotzdem ohne Entschuldigung nicht erschienen ist, kann ich nach § 408a Strafprozessordnung auch ohne seine Anwesenheit eine Strafe verhängen. Dann hat er eben Pech gehabt und kann nichts zur Tat sagen. Die Strafe wird dann einfach schriftlich zugestellt – eine Art Urteil per Briefpost. So ein Sitzungsstrafbefehl funktioniert aber natürlich nur bei kleineren Strafen, schließlich kann sich der Angeklagte nicht verteidigen, wenn er gar nicht da ist. Das ist ein bisschen unfair. Für höhere Strafen muss deshalb definitiv verhandelt werden. Der Angeklagte muss kommen, ob es ihm passt oder nicht.

Kommt der Angeklagte nicht, kann ich ihn mit einem sogenannten Sitzungshaftbefehl dazu zwingen. Das ist die zweite mögliche Maßnahme. Sie ist in § 230 Strafprozessordnung geregelt. Bei einem Sitzungshaftbefehl wird der Angeklagte von der Polizei gesucht, in Haft genommen und muss so lange in der JVA warten, bis der Richter Zeit für eine neue Verhandlung hat. Weil bei Gericht viele Verfahren verhandelt werden und der Kalender deshalb meistens prall gefüllt ist, kann das gut und gern einige Wochen dauern. Eine so lange Inhaftierung nur wegen eines verpassten Termins ist eine harte Maßnahme. Das Gesetz sieht diese Möglichkeit deshalb nur dann vor, wenn mildere Mittel gescheitert sind. Ein solches milderes Mittel ist zum Beispiel die polizeiliche Vorführung, die Maßnahme Nummer drei. Eine Vorführung bedeutet, dass der Richter einen Termin bestimmt und die Polizei oder den sogenannten Vorführdienst darum bittet, am (sehr sehr frühen) Morgen des Verhandlungstages den Angeklagten aufzusuchen und zum Termin in das Gericht »vorzuführen«. Das heißt zu Deutsch, unser schwänzender Angeklagter wird aus dem Bett geklingelt und im Polizeiauto ins Gericht kutschiert. Dort wird er dann direkt in der Verhandlung wie ein Schuljunge abgegeben. Ab und an beschert diese Variante den Gerichten Angeklagte im Schlafanzug. Vom Unterhaltungswert einmal abgesehen, ist die polizeiliche Vorführung die deutlich nettere Variante, weil niemand ewig in der JVA warten muss. Und das Gesetz sagt uns, wir sollen es immer einmal nett versuchen, bevor wir wirklich böse werden.

Auf meinem schlauen Notizzettel stand deshalb dick unterstrichen: erst Strafbefehl (Pech gehabt), dann Vorführung (nett sein), notfalls Sitzungshaft (JVA). Aber noch musste ich mich nicht entscheiden. Denn bis man eine dieser Maßnahmen anordnet, wartet man der Höflichkeit halber immer eine Viertelstunde ab. Denn es könnte ja sein, dass der Angeklagte nur keinen Parkplatz vor dem Gericht gefunden hat oder doch noch anruft und mitteilt, krank geworden zu sein.

Wir sind erst einmal sehr freundlich, dachte ich, ohne die geringste Vorstellung davon zu haben, wie sehr meine Freundlichkeit gleich auf die Probe gestellt werden sollte.

Während ich im Gerichtssaal noch über die prozessualen Möglichkeiten im Falle seines Ausbleibens nachdachte, stieß Harald Rosendorn mit beiden Händen kräftig die Räder seines Rollstuhls voran. Er atmete heftig, Schweiß hatte sich auf seiner Stirn gesammelt, denn Harald hatte schon eine ziemlich weite Strecke mit dem schwerfälligen Rollstuhl zurückgelegt. Die Fugen zwischen den großen Steinplatten des Gehwegs machten das Vorankommen für Harald nicht einfach. Eigentlich müsste er auf diesem Weg langsamer fahren. Aber Harald hatte es eilig. Er hatte einen wichtigen Termin bei Gericht und wollte auf keinen Fall zu spät kommen. Harald war Angeklagter in einem Strafverfahren. Er war nicht das erste Mal bei Gericht und er wusste schon aus Erfahrung, dass auch sein Verhalten vor einer Gerichtsverhandlung empfindliche Folgen für ihn haben konnte. Besonders ungünstig konnte es sich auswirken, wenn man als Angeklagter einen Termin verpasste. Denn dafür kam man unter Umständen in den Knast, hatte Harald gehört. Harald, der bei dem Gedanken an das Gefängnis für einen kurzen Moment nicht aufmerksam genug gewesen war, stieß mit dem Rad seines Rollstuhls in eine besonders breit aufstehende Fuge der Steinplatten auf dem Fußweg. Eine Baumwurzel, die unter dem Fußweg verlief, hatte eine der Platten angehoben. Haralds Rollstuhl prallte schwungvoll an der nach oben ragenden Kante ab, so dass Harald um ein Haar nach vorn übergekippt wäre. Nur mit Mühe konnte er sich im Rollstuhl halten.

»Scheiße!«, fluchte er und setzte sich wieder zurecht. Er rieb sich die schmerzende Hand, die er sich beim Abfangen am Rad des Rollstuhls aufgerissen hatte. In der Eile heute Morgen hatte er seine Handschuhe zu Hause vergessen.
»Scheiße!«, fluchte er nochmal und wischte sich etwas Blut von der Hand an seiner Jeanshose ab. Er warf einen kurzen Blick auf die Uhr und setzte seinen Rollstuhl wieder in Bewegung. Er würde sich unbedingt beeilen müssen, wenn er es noch rechtzeitig schaffen wollte. Denn bis zum Gericht war es noch ein gutes Stück.

Harald Rosendorn war 59 Jahre alt. Er war auf einem kleinen Dorf aufgewachsen; seine Mutter hatte ihn und seine jüngere Schwester allein groß gezogen. Im Gegensatz zu seiner Schwester hatte Harald sein Heimatdorf nie verlassen. Nach seinem Schulabschluss hatte er eine Ausbildung zum Landwirt gemacht und dann viele Jahre in einem Milchviehbetrieb gearbeitet. Er war freundlich und fleißig gewesen, beliebt bei den Kollegen. Frau und Kinder hatte er nie gehabt, dafür aber viele gute Freunde im Ort. In seiner Freizeit hatte er Rassehühner gezüchtet und ausgestellt. Er war dabei sogar recht erfolgreich gewesen und hatte einige Preise gewonnen. Doch sein Leben nahm eine jähe Wendung, als er bei einem tragischen Autounfall beide Beine verlor. Dabei hatte er nur auf der Beifahrerseite gesessen, in die das gegnerische Fahrzeug frontal hineingeprallt war. Harald hatte lange Zeit in Krankenhäusern und Reha-Einrichtungen verbracht, mehrfach musste er operiert werden. Nach dem Unfall hatte er lange gebraucht, um sich zurechtzufinden. Man hatte ihm gesagt, dass er auf dem Land in seinem Zustand besser nicht mehr bleiben solle. Er konnte ohne Beine nicht mehr in dem Milchviehbetrieb arbeiten. Sein Leben würde künftig im Rollstuhl stattfinden. Ganz allein in dem schlecht angebundenen Dorf, in dem es weder Arzt noch Einkaufsmöglichkeiten gab, war das nur schwer möglich. Nicht einmal die Bushaltestelle war ebenerdig. Deshalb war Harald in die Stadt gezogen. Er wohnte in einer kleinen behindertengerechten Wohnung mit Fahrstuhl, in der es die Möglichkeit gab, einen Pflegedienst in Anspruch zu nehmen. Eine berufliche Tätigkeit hatte er nicht gefunden. Er war gelernter Landwirt, das war in der Stadt eher wenig gefragt. Auch das Hühnerzüchten hatte er gezwungenermaßen aufgegeben. Seit seinem Unfall hatte Harald starke psychische Probleme. Er hatte eine posttraumatische Belastungsstörung und depressive Schübe, hatte ihm sein Arzt erklärt. Was das genau bedeuten sollte, hatte Harald nicht weiter hinterfragt. Eine Behandlung hatte er abgelehnt. Stattdessen hatte Harald getrunken. Er hatte früher schon gern das ein oder andere Feierabendbier gehabt. Seit seinem Unfall aber hatte er den

Alkohol mehr oder weniger bewusst als Mittel zur Flucht und Verdrängung genutzt. So war er trotz aller ärztlicher Warnungen zum Alkoholiker geworden. Daher rührten auch die Vorstrafen, die in Haralds Bundeszentralregisterauszug auszumachen waren. Vor seinem Unfall war Harald mit dem Gesetz nicht in Konflikt geraten. Aber der Alkohol hatte in den letzten Jahren mehrfach dazu geführt, dass Harald die Grenzen des Erlaubten überschritten hatte.

Der Alkohol war auch der Grund, warum Harald es nicht geschafft hatte, pünktlich aus dem Haus zu kommen. Eigentlich hatte er am Abend zuvor sogar schon eine Straßenbahnlinie herausgesucht, mit der er zum Gericht fahren wollte. Den Wecker hatte er extra zeitig gestellt. Aber Harald war auch ein wenig aufgeregt wegen der Verhandlung. Die Verhandlung war ihm unangenehm. Er hatte zwar schon einige Verhandlungen wegen seiner gelegentlichen alkoholbedingten Fehltritte gehabt, aber noch nie war dabei ein Mensch zu Schaden gekommen. Jetzt hatte er mit dem Rollstuhl einen jungen Mann angefahren. Der junge Mann war nur unglücklich zu Fall gekommen und hatte sich den Arm aufgeschlagen. Harald tat das Ganze trotzdem schrecklich leid. Er wusste nicht, wie er das Ganze erklären oder gar wieder gut machen sollte. Deshalb hatte er schon am Abend zuvor beschlossen sich etwas Mut anzutrinken. Er hatte dazu zwei Flaschen Wodka geleert. Mit dem entsprechenden Restalkohol von zwei Flaschen Schnaps war es Harald schwer gefallen am Morgen in die Gänge zu kommen; da hatte auch der Wecker nicht geholfen. Es hatte einiger Zeit und einiger weiterer Schlucke aus einer dritten Flasche bedurft, bis er endlich aus dem Haus gekommen war. Und nun war er zu spät.

Harald drehte die Räder seines Rollstuhls so schnell er konnte. Für einen kurzen Moment überlegte er, ob er bei Gericht anrufen könnte, um seine Verspätung zu entschuldigen. Dann würde es vielleicht nicht mehr so schlimm sein. Aber er hatte natürlich auch kein Handy dabei. Es würde bestimmt, wie so oft in letzter Zeit, mit nicht geladenem Akku in seiner Wohnung herumliegen. Harald stöhnte und wischte sich wieder den Schweiß von der Stirn. Es war sinnlos, dieses ganze Unterfangen hier, dachte er sich. Doch dann erkannte er aus der Ferne die beigefarbenen Sandsteinmauern des Amtsgerichts. Vielleicht war es doch noch nicht zu spät.

Im Sitzungssaal beobachte ich weiter die Uhr. Die Viertelstunde war fast um.
»Eine Entschuldigung ist nicht eingegangen?«, fragte ich meine Protokollantin. Frau Länge schüttelte wortlos mit dem Kopf und zog eine etwas mitleidige Miene. Ich nickte und rieb mir meinen Ellenbogen, der von meinem Stoß gegen die Saaltür noch immer schmerzte. Gerade, als ich den Kollegen der Staatsanwaltschaft nach seinem Antrag wegen des nicht erschienenen Angeklagten fragen wollte, öffnete sich die Saaltür. Es bot sich ein seltsamer Anblick. Einer der Wachtmeister des Amtsgerichts stand mit einem großen Einkaufsbeutel eines Lebensmitteldiscounters in der Tür. Hinter ihm röchelte ein desolat aussehender und ersichtlich außer Atem geratener Rollstuhlfahrer nach Luft. In dem blau-weißen Beutel waren, dem Klappern nach zu urteilen, einige leere Glasflaschen.

»Frau Vorsitzende, ich habe Ihren Angeklagten vor dem Gericht aufgefunden«, erklärte der Wachtmeister auf meinen verdutzten Blick, »er scheint stark alkoholisiert zu sein. Er ist mehrfach gegen die Eingangstür geprallt.« Ich hätte am liebsten laut gelacht. Wie mein Auftritt vor Beginn der Sitzung gezeigt hatte, musste ein Prallen gegen Türen nicht immer auf Alkoholisierung schließen lassen. Ich räusperte mich, um meine Reaktion zu überspielen. »Haben Sie weitere Anhaltspunkte für eine Alkoholisierung?«, fragte ich und bemühte mich um einen ernsten Ton. »Und kommen Sie erst einmal herein«, ich deutete mit einer Handbewegung in den Saal.
Der Wachtmeister trat in den Saal. »Er hat eine leicht verwaschene Aussprache, er kann Fragen nicht klar beantworten, wirkt sonst aber recht orientiert«, erläuterte der Wachtmeister knapp und zuckte mit den Schultern, »Keine Ahnung, ob Sie mit dem verhandeln

Kapitel 2 – Der Sitzungshaftbefehl

können.« Währenddessen versuchte Harald Rosenberg mit dem Rollstuhl in den Saal zu gelangen. Die Tür war breit und ebenerdig. Trotzdem blieb er mit dem Rad des Rollstuhls im Türrahmen hängen. Er setzte zurück und versuchte es noch einmal. Statt weiter mittig, erwischte er den Eingang aber noch weiter seitlich und stieß sich den Arm an. Er rieb sich den Ellenbogen. Ich dachte an meinen eigenen angeschlagenen Ellenbogen und fühlte mit ihm. Aber das sah wirklich nach einigem Alkohol aus, dachte ich, während Harald sich von dem Wachtmeister in den Saal schieben ließ. Der Wachtmeister bot an, ein Gerät zur Überprüfung des Atemalkohols zu holen. Ich nickte dankend und schaute zum Kollegen der Staatsanwaltschaft. Der lehnte sich in aller Seelenruhe zurück und beobachtete das Geschehen. Er schien verhalten amüsiert zu sein. Harald hingegen war aufgeregt.

»Ich bin hiiiiier, Frau Richterin!«, nuschelte er, »ich habe extra den Wecker gestellt. Ich habe einen Termin und ich bin hier. Ich habe einen, auch einen Zettel.«
Harald dachte wohl, er bemühte sich deutlich zu sprechen. Es gelang ihm nur mäßig. »Guten Tag Herr Rosendorn, mein Name ist Stahl«, begrüßte ich ihn und versuchte abzuschätzen, wie betrunken Harald wohl wirklich war. Harald reagierte nicht. Er kramte in seinem Rucksack und suchte wohl nach dem versprochenen Zettel.

»Herr Rosendorn?«, sprach ich ihn an. Harald sah auf.
»Haben Sie getrunken, Herr Rosendorn?«, fragte ich ihn betont langsam. Harald schien zu überlegen.
»Nein«, fing er an. Dann schüttelte er den Kopf. »Also ja. Also gestern Abend. Und heute früh. Aber heute nur ein gaaaaanz klein bisschen. Und ich bin hier. Ich habe doch einen Termin. Und mit dem elektronischschschsch, dem elelktronischschsch, dem schschschs, naja dem anderen Stuhl bin ich auch nicht gefahren!«, nuschelte er.

Zwischenzeitlich war der Wachtmeister mit dem Gerät zurück. Harald pustete freiwillig: 3,6 Promille. Verdammt, fluchte ich innerlich. 3,6 Promille, das ist ein Wert, bei dem der Normalverbraucher schon mit einer Alkoholvergiftung im Krankenhaus liegen würde. Oder tot wäre.

Nur zum Vergleich: im Referendariat hatten wir mal einen sogenannten »kontrollierten Trinkversuch« organisiert. Das bedeutet, dass alle Referendare im Namen der Wissenschaft trinken und regelmäßig in den Alkomaten pusten. Das macht Sinn, denn so bekommt man mal ein Gefühl für konkrete Promillewerte und ihre Auswirkungen. In der Regel führt es aber auch zu völlig betrunkenen Referendaren am helllichten Tage. In unserem Landgericht war das Ganze deshalb mittlerweile verboten worden, der letzte kontrollierte Trinkversuch in der Gerichtskantine war peinlich geendet. Ich hatte damals stolze 1,2 Promille erreicht. Und mich den Rest des Tages in meinem Bad an der Heizung festgehalten, damit die Wände aufhörten sich zu drehen. Ich habe nie wieder so viel getrunken und ganz sicher hätte ich schon mit 1,2 Promille nicht mehr verhandeln können. Bei Harald waren es nun 3,6 Promille. Verglichen mit mir müsste diese Dosis eigentlich ausreichen, um einen Elefanten zu sedieren. Harald aber war Alkoholiker. Als Alkoholiker war er »alkoholgewöhnt«, wie wir im Jura-Jargon sagen. Sein Körper brauchte deutlich größere Mengen Alkohol als meiner, um nicht mehr zu funktionieren. Elefantenmengen quasi. Für Harald war sein Pegel also nichts Besonderes. Für mich schon.

Hektisch überlegte ich, was ich jetzt tun sollte. Rechtlich stellte mich Harald mit samt seinem Pegel nämlich vor eine große Herausforderung. Einen betrunkenen Angeklagten hatte ich noch nicht gehabt. Zumindest nicht in diesem Ausmaß. Meine schlauen Notizen und ich hatten einen solchen Fall nicht vorgesehen.

Was macht man denn, wenn der Angeklagte zwar anwesend aber sturzbetrunken ist? So betrunken, dass er sogar die Grenzen der absoluten Schuldunfähigkeit überschritten hat?

Zumindest in der Theorie. Ich hatte, ehrlich gesagt, absolut keine Ahnung. Fragend schaute ich den Kollegen der Staatsanwaltschaft an.

»Möchten Sie zum weiteren Vorgehen Stellung nehmen?«, fragte ich etwas hilflos. Ich hatte mir einen fachlich versierten Rat erhofft. Der Kollege war in den Fünfzigern und hatte mir damit sicher gut fünfundzwanzig Jahre Berufserfahrung voraus. Vielleicht hatte er so eine Situation schon erlebt und wüsste, wie man sie geschickt lösen konnte. Meine Hoffnung wurde enttäuscht. »Stelle anheim«, war das Einzige, was er sagte. Er lehnte noch immer amüsiert in seinem Stuhl und hatte die Hände auf seinem Bauch verschränkt. Stelle anheim? Bitte was? Was soll denn das überhaupt heißen, Stelle anheim? In normalem Deutsch bedeutet die juristische Formulierung »Ich stelle etwas anheim« so viel wie »Es ist mir egal. Ich überlasse es Ihnen«. Sehr hilfreich, Herr Kollege. Stelle anheim. Lieben Dank auch.

Ich überlegte. Ich könnte zumindest versuchen zu verhandeln. Die Verhandlungsfähigkeit eines Angeklagten muss immer anhand der persönlichen Umstände, nicht allein aufgrund der Alkoholisierung beurteilt werden. Vielleicht war Harald alkoholgewöhnt genug, um auch mit 3,6 Promille zu verhandeln? Es klingt verrückt, aber man könnte es zumindest versuchen. Ich startete einen kleinen Versuch in die Verhandlung. Weit kam ich dabei aber nicht. Alkoholiker oder nicht, 3,6 Promille war wohl doch zu viel, Harald war eindeutig nicht verhandlungsfähig. Schon bei den Fragen zu seinen Personalien kam Harald ins Stocken. Wer seinen eigenen Geburtstag nicht mehr zusammenbekommt, kann wohl eher nicht verhandeln.

»So wird das hier nichts«, stellte ich fest, »Wir brauchen einen neuen Termin.« »Das ist gut, Frau Richterin, ich komme bestimmt!«, versprach Harald und schlug zur Bestätigung mit der Faust auf die Lehne seines Rollstuhls, dass die leeren Flaschen in seinem Beutel nur so klirrten. »Saaaaagen Sie nur wann.«

Der bislang so stille Kollege Stelle-Anheim schnaubte plötzlich hörbar durch die Nase.

»Kein neuer Termin ohne Vorführung!«, rief er, »sonst sitzen wir hier wieder mit einem sternhagelvollen Angeklagten. Die Polizei soll den erstmal einsammeln und ausnüchtern!«

»Neiiiiin!«, rief Harald, »Niiiicht die Polizei! Ich trinke weniger. Ich schwwwwwöre.« Auch der noch immer anwesende Wachtmeister schien Bedenken zu haben. »Wenn Sie ihn morgens schon abholen und in der Zelle auf die Verhandlung warten lassen, dann kann der uns ganz schnell ins Zittern kommen«, erläuterte er.

»Der klappt Ihnen dann in der Verhandlung weg, weil er Entzugserscheinungen bekommt. Das sollten Sie nicht machen. Dann inhaftieren Sie ihn lieber gleich ein paar Tage richtig, dann hat die JVA das Problem.«

Harald schien auch davon nicht viel zu halten.

»Neeeeeiiiin!«, rief er wieder, »Nicht ins Gefängnis! Ich bin doch hiiiiier!«

Ich hielt davon auch recht wenig. Aber möglich wäre eine Inhaftierung wohl. Wenn ich Harald aufgrund seiner Alkoholisierung als nicht verhandlungsfähig ansehen konnte, dann war er im Grunde nicht anwesend. Damit sollten die klassischen Maßnahmen grundsätzlich möglich sein. Strafbefehl, Vorführung, Haft. Aber waren sie angemessen? Angesichts Haralds Tat und seiner grundsätzlichen Bereitschaft zu verhandeln? Und waren sie zielführend?

Ich schaute wieder fragend in Richtung Staatsanwaltschaft und kassierte ein weiteres »Stelle anheim.« Danke auch. Ich atmete tief durch.

Ich versuchte in Windeseile abzuwägen. *Ein Strafbefehl ging nicht, das hatte die Staatsanwaltschaft klar gemacht. Also einen polizeilichen Shuttle zum nächsten Termin? Aber was mache ich, wenn der dann wirklich in der Verhandlung Entzugserscheinungen bekommt? Oder doch besser gleich inhaftieren und das Problem der*

JVA überlassen? Aber wie lange würde Harald dort warten müssen? Und kann eine Inhaftierung in einem solchen Fall überhaupt angemessen sein? Sie setzt voraus, dass mildere Maßnahmen gescheitert sind. Müssen also zuvor mildere Maßnahmen angeordnet werden, auch wenn damit zu rechnen ist, dass sie scheitern, ja sogar, dass sie dem Angeklagten schaden werden? Kann eine solche Anordnung richtig sein, nur weil sie rechtlich möglich wäre? Der logische Menschenverstand in mir schrie NEIN. Es kann doch nicht Recht sein, was keinen Sinn ergibt. Recht muss doch SINNVOLL sein, oder nicht? Diesem menschlichen Korrektiv muss das Gesetz doch unterliegen, dachte ich.

In meinem Kopf schwirrten Paragrafen, Definitionen und Begründungen. Aber wie ich es auch drehte und wendete, fand ich keine Lösung im Gesetz. Konnte ich schon in meiner allerersten Verhandlung – oder genauer gesagt VOR meiner allerersten Verhandlung an die Grenzen des Rechts gestoßen sein?

Letztlich konnte ich mich mit dem Staatsanwalt auf eine eher unkonventionelle Variante einigen. Ich habe Harald mündlich verwarnt. Eine solche Verwarnung ist im Gesetz nicht unmittelbar vorgesehen, sie war eine eher kreative Auslegung der »milderen Maßnahmen«. Aber zumindest schließt das Gesetz sie auch nicht aus.
In der Praxis sah meine mündliche Verwarnung so aus, dass ich dem angeklagten Alkoholiker sehr deutlich und laut ins Gewissen geredet habe. Ich habe mit ihm einen neuen Termin vereinbart. Weit nach vorn über meinen Tisch gelehnt erklärte ich ihm eindringlich, dass ich mit ihm betrunken leider nicht verhandeln kann. Dass ich verstehe, dass er trinken muss, weil er abhängig ist, aber dass er nicht so viel trinken darf, wenn wir einen Termin haben. Ich erklärte, dass ich ihn heute noch nicht inhaftieren würde. Er würde eine letzte Chance bekommen.
Ich schlug meinen Kalender auf. »Am 21. Juli, das ist ein Dienstag um 10.00 Uhr sehen wir uns hier wieder. Ich schreibe Ihnen das jetzt

Kapitel 2 – Der Sitzungshaftbefehl

auf. Sie bekommen auch nochmal einen Brief von uns«, sagte ich so langsam und deutlich wie möglich. Harald nickte. »Und Sie trinken nicht wieder so viel, verstanden? Können wir uns darauf einigen, dass es vor der Verhandlung nur Bier gibt und keinen Schnaps? Sie trinken keinen Schnaps und kommen pünktlich um zehn?« Harald nickte wieder und wiederholte langsam, was ich gesagt hatte. Ich riss einen leeren Zettel aus meinem Notizbuch und notierte für Harald: »DIENSTAG, 21. Juli, 10.00 Uhr, Amtsgericht. KEIN SCHNAPS, nur Bier!!!« Harald nahm den Zettel und nickte wieder. »Ich komme bestimmt, Frau Richterin!«, versprach er, »Kein Schnaps, nur Bier. Versprochen!«

Staatsanwalt Stelle-Anheim war wohl wenig angetan von meinem Vorgehen. Etwas skeptisch hatte er sich in seinem Stuhl wieder zurückgelehnt und den Kopf geschüttelt. Aber zumindest hatte er nicht interveniert. Rein rechtlich hätte er das gekonnt. Wenn er, als Vertreter der Staatsanwaltschaft, den Erlass eines Sitzungshaftbefehls oder die Anordnung der polizeilichen Vorführung zum nächsten Termin förmlich beantragt hätte, hätte ich offiziell darüber entscheiden und meine Entscheidung begründen müssen. Von Rechts wegen wäre ein solcher Antrag wohl schwerlich abzulehnen gewesen. Aber auch der Kollege der Staatsanwaltschaft hatte vielleicht Zweifel gehabt, ob ein solcher Antrag in diesem konkreten Fall das Richtige gewesen wäre. Vielleicht war es ihm aber auch einfach egal. Er schwieg jedenfalls und akzeptierte die Verwarnung.

Tatsächlich kann ich Ihnen bis heute nicht sagen, wie obergerichtlich wohl über eine Verwarnung und die Ausstellung eines Notizzettels mit einem Trinkverbot für einen alkoholisierten Angeklagten entschieden worden wäre. Genauso wenig kann ich berichten, ob eine polizeiliche Vorführung eines Alkoholikers zur Verhandlung wirklich so fatal endet, wie der Justizwachtmeister in Aussicht gestellt hatte. Denn auch wenn Harald Rosendorn mich noch vor andere gewaltige Probleme stellen sollte, so würde er zu seinem nächsten Termin tatsächlich erscheinen. In diesem Moment wusste ich das noch nicht. In diesem Moment war ich selbst noch völlig fassungslos darüber, wie verrückt meine erste vermeintlich »unkomplizierte« Verhandlung gerade gelaufen war.

Hatte ich gerade wirklich einem Angeklagten einen Klebezettel geschrieben, statt einen seriösen richterlichen Beschluss anzuordnen? Wie sehr hatte ich das Recht schon in meiner ersten Verhandlung dehnen müssen, um zu einem Ergebnis zu gelangen, mit dem ich menschlich leben konnte? Ist das das die Arbeit einer Richterin? Ungläubig schüttelte ich den Kopf. Ich konnte nicht ahnen, dass das nur ein klitzekleiner Vorgeschmack dafür war, was dieser Job in den nächsten Wochen noch mit sich bringen würde.

Kapitel 3
Das Verbot der Protokollverlesung

§ 252 Strafprozessordnung

> Die Aussage eines vor der Hauptverhandlung vernommenen Zeugen, der erst in der Hauptverhandlung von seinem Recht, das Zeugnis zu verweigern, Gebrauch macht, darf nicht verlesen werden.

»Das Mittagessen hält Körper und Seele zusammen«, sagte Herr Kauf und lächelte mich auf eine väterliche, fast großväterliche Art und Weise an, die im Grunde keinen Widerspruch duldete. Er stand in der Tür meines Büros. Herr Kauf war einer meiner neuen Richterkollegen aus der Abteilung für Strafrecht: klein, schmal, aber eindeutig einer von den Guten. Sowohl fachlich als auch menschlich – das hatte ich in den wenigen Wochen seit meinem Start hier bei Gericht schon mehrfach bemerkt. Es war zehn nach zwölf, und Herr Kauf hatte mich gerade zur Mittagsrunde der Strafrechtsabteilung abholen wollen. Eine Mittagsrunde am Amtsgericht mag jetzt antiquiert klingen und zugegeben senkte ich auch wirklich ganz schön den Altersdurchschnitt am Tisch. Trotzdem versuchte ich daran teilzunehmen, so oft es nur ging. Nicht wegen der Kantine des Amtsgerichts. Im Gegenteil, Pommes, Nudeln und Hausmannskost konnten für Stunden wie ein Stein in meinem Magen liegen und das Mittagstief zu einem Mittagskoma ausdehnen, das sich nur mit großen Mengen Kaffee überwinden ließ. Ob dieses Mittagessen also wirklich Körper und Seele zusammenhielt, wagte ich zu bezweifeln. Aber die Mittagsrunde hatte einen anderen schlagenden Vorteil: nahezu alle Strafrichterinnen und Strafrichter des Gerichts saßen an einem Tisch. Und sie tauschten sich aus. Es wurden nicht nur die Fußballergebnisse des Vorabends und die Urlaubsziele besprochen, sondern auch Fälle und aktuelle rechtliche Probleme. Wenn ich einen guten Platz erwischte, lernte ich bei einer halben Stunde Spaghetti Bolognese meist mehr über die Praxis des Richter-Daseins als ich in an einem ganzen Tag aus einem Lehrbuch hätte erlesen können. Aber heute konnte ich nur mit dem Kopf schütteln.

»Ich schaffe es leider nicht«, hatte ich Herrn Kauf geantwortet und seufzend auf die roten Akten um mich herum gezeigt.
»Was ist denn los?«, fragte Herr Kauf und trat in mein Büro herein. Er schloss die Bürotür hinter sich und sah sich um. »Du bist ein bisschen abgesoffen, oder?«, brachte er meine Situation schmerzhaft auf den Punkt.
Er hatte recht. Ich war ertrunken, versunken, erstickt in Akten, so ließ sich meine Lage ganz gut beschreiben. Die Verfahren in meinem Referat stapelten sich. Nicht nur metaphorisch, sondern im wörtlichen Sinne. Sie lagen auf meinem Schreibtisch, auf meinem Besprechungstisch, auf dem Fensterbrett und sogar schon auf dem Fußboden. Ich hatte sortiert und priorisiert, Listen geschrieben und Klebezettelchen verteilt. Ich hatte versucht, ein System zu entwickeln. Aber die ungeschönte Wahrheit war: ich kam einfach nicht hinterher. Es war zu viel. Ich war, wie man in der Justiz so schön sagt: abgesoffen. An zwei Wochenenden hatte ich schon Sonderschichten eingelegt um den Aktenbergen Herr zu werden, aber es war wie beim süßen Teig: es wurde immer mehr. Ich hatte panische Angst ein wichtiges Verfahren zu übersehen oder zu lange liegen zu lassen. Etwa die Frist einer Untersuchungshaft verstreichen zu lassen. Habe ich etwa sechs Monate nach vorläufiger Inhaftierung eines Angeklagten noch immer kein Urteil gefällt, käme ein Straftäter nach § 121 Strafprozessordnung wieder auf freien Fuß, nur weil ich mein Büro nicht im Griff hatte. Eine Horrorvorstellung, die mich nachts immer schlechter schlafen ließ. Eine ausführliche Mittagspause konnte ich mir heute jedenfalls nicht leisten, meinte ich. Herr Kauf sah das wohl anders. Verständnisvoll blickte er über die Stapel roter Akten in meinem Büro.

»Das darf dir keine Angst machen«, sagte er. »Weißt du, wir alle hatten schon solche Phasen. Das ist normal. Das gehört dazu.« Er lächelte wieder mit dieser unerschütterlichen Ruhe, die man wohl nur mit seinem Maß an Berufserfahrung an den Tag legen konnte. »Weißt du, was ich mache, wenn ich nicht mehr weiß, wie ich alles schaffen soll?«, fragte er.

Ich blickte ihn fragend an.

»Ich mache einfach eins nach dem anderen«, sagte er und legte die Hände ineinander. Ich glaube, Herr Kauf ist ein bisschen so etwas ähnliches wie Buddha. Oder der Dalai Lama. Seine Weisheiten halten mich auch heute noch über Wasser, wenn sich die Ereignisse überschlagen. Damals habe ich ihn noch nicht verstanden. Wenn ich eins nach dem anderen mache, bin ich schließlich auch nicht schneller.

»Es ist einfach zu viel«, antwortete ich stöhnend. »Mir fliegen alle Fristen um die Ohren und ich kann mich doch nicht zerteilen.« Eben noch hätte ich am liebsten frustriert drei Stapel Akten aus dem Bürofenster geworfen. Aber als Herr Kauf mich mitfühlend ansah, fühlte ich mich einfach nur noch verzweifelt. Wie hatte ich mich nur nach so kurzer Zeit so festfahren können?

»Was ist denn – nur für heute betrachtet – die wichtigste Akte?«, fragte Herr Kauf.

»Ich wollte heute endlich meine Urteile schreiben«, erklärte ich und zeigte auf die Akten unmittelbar auf meinem Schreibtisch.

»Da läuft diese Woche die Frist ab. Aber jetzt habe ich auch noch diese Haftsache bekommen. Heute Nachmittag ist der Termin. Und ich weiß absolut nicht, was ich damit machen soll.« Resigniert ließ ich mich in meinen Bürostuhl zurücksinken. Herrn Kauf lächelte wieder.

»Was ist denn das Problem mit der Haftsache?«, wollte er wissen.

»Ach sie ist einfach widerlich!«, fluchte ich. »Das unangenehmste Verfahren, das mir je untergekommen ist.

Es ist eine richtige Fensterbank-Akte! Man möchte brechen, wenn man nur den Tatvorwurf liest!«
Herr Kauf lachte. »Das wäre vielleicht etwas unpassend in der Mittagsrunde. Aber trotzdem, nimm die Fensterbank-Akte jetzt einfach mit. Wir gehen etwas essen und schauen gemeinsam darüber.«

Dann nahm er die Akte, die ich neben der Tastatur meines Computers aufgeschlagen hatte und ging in Richtung Tür.
»Na komm, das Mittagessen hält Körper und Seele zusammen. Und du willst doch ordentlich verhandeln, oder?« Ich seufzte nochmal laut, stand aber auf. Buddha hatte gesprochen. Wer hätte da noch nein sagen können?

Die Akte, die er mit mir in der Mittagspause ansehen wollte, war von Anfang an eine Fensterbank-Akte gewesen. Denn sie war hässlich. Und hässliche Akten wohnen auf dem Fensterbrett. Ich sortiere die Akten in meinem Büro in einem ausgeklügelten System. Okay, rückblickend war mein Anfänger-System damals vielleicht doch nicht ganz so ausgeklügelt wie gedacht, aber immerhin war es ein System. Es war eine Art sortiertes Haufen-Prinzip, ähnlich wie die Wäscheberge in meiner alten WG. Es gab besonders wichtige Haufen, wie etwa Urteile und dringende Anträge – sie lagen auf dem Schreibtisch und dem Beistelltisch. Es gab die weniger wichtigen Haufen auf dem Fußboden, es gab sortierte Haufen in zwei Regalen und schließlich einen kleinen, ganz besonders widerlichen Haufen roter Akten: die Verfahren auf der Fensterbank. Auf der Fensterbank wohnen die wirklich hässlichen Akten. Denn sie gehören zu den Verfahren, in denen ich absolut noch nicht weiß, was ich machen soll. Es sind die Akten, die ich lese und danach ratlos den Kopf schüttele. Ich schaue sie an, ich überlege und recherchiere und weiß am Ende doch nicht, wie ich verfahren soll. Das hat manchmal rechtliche und prozessuale, manchmal aber auch einfach menschliche Gründe. Denn manchmal sind menschliche, moralische Fragen noch schwerer zu lösen als rechtliche. Wenn ich absolut nicht weiß, was ich machen soll, beschließe ich eine Nacht darüber zu schlafen. Und ich lege die Akte auf die Fensterbank. Sachlich betrachtet ist das herzlich dämlich. Ich sollte sie gleich lösen oder notfalls einen Kollegen fragen. Aber auch Juristen sind Menschen und Menschen neigen dazu, unangenehme Dinge aufzuschieben. Also rede ich mir ein, ich würde die Akte nur eine Nacht zur Seite legen. Prokrastinieren heißt das auf Hochdeutsch. Man übt es für gewöhnlich schon im Studium, wenn man entscheidet, lieber die Wohnung zu putzen und einkaufen zu gehen, statt endlich für die nächste Klausur zu lernen.

Doch leider bleiben die unliebsamen Drückeberger-Akten regelmäßig auf der Fensterbank liegen. »Das mache ich, wenn ich Zeit habe«, denke ich mir dann. Das Problem ist: ich habe nie Zeit. So war es auch mit der Akte, die Herr Kauf zum Mittag mitgenommen hatte. Sie lag bestimmt seit zwei Wochen auf der Fensterbank. Ich wusste, sie ist wichtig und ich muss eine Lösung finden. Aber immer wieder, wenn ich sie in die Hand nahm, verspürte ich nichts als inneren Widerstand. Ich wollte dieses Verfahren im Grunde nicht verhandeln. Weder rechtlich noch menschlich. Denn es war wirklich ganz besonders hässlich.

Während ich in der Kantine des Gerichts alibimäßig in einem Kartoffelauflauf herum stocherte und gespannt auf Herrn Kaufs Einschätzung zu meinem Verfahren wartete, war eine Beteiligte des Verfahrens genau dieser Fensterbank-Akte auf dem Weg zu Gericht.

Pari Heydari schob vorsichtig den Buggy mit ihrer jüngsten Tochter aus dem Zug. Zum Glück war der Bahnsteig erhöht, sodass sie den Wagen dieses Mal allein aus dem Zug bekam, dachte Pari. Beim Einsteigen in der Kleinstadt, in der sie aktuell lebten, hatte sie gehörige Probleme gehabt den Buggy über den Absatz in den Zug zu ziehen. Aber hier ging es leichter.

Kapitel 3 – Das Verbot der Protokollverlesung

»Bleibt kurz stehen meine Schätze«, rief Pari zu ihren beiden Jungen, die kurz vor ihr aus dem Zug gestiegen waren. »Bleibt dicht bei mir.« Pari sah sich um, versuchte sich zu orientieren. Auch ihre Kinder blickten mit großen Augen um sich. So einen großen Bahnhof hatten sie seit ihrer Flucht nicht gesehen. Auf unzähligen Gleisen standen und fuhren Züge, Menschen über Menschen eilten in verschiedene Richtungen an ihnen vorbei, durch die Lautsprecheranlage surrten Ansagen, die sie nicht verstanden.
Dann entdeckte Pari ein Schild auf dem »Ausgang« vermerkt war. Das Wort konnte sie übersetzen, denn sie hatte in den letzten Monaten schon etwas Deutsch gelernt. Es würde nicht genügen, um jemanden nach dem Weg zu fragen. Aber sie würde es hoffentlich trotzdem zum Gericht schaffen. Dann entdeckte sie ein weiteres Symbol. Einen Bus. Das war gut, denn Pari hatte schon vorher herausgesucht, mit welcher Buslinie sie weiterfahren mussten.

»Kommt Jungs«, sagte sie und zeigte auf das Schild. »Da müssen wir hin! Da fährt der Bus.« Sie griff ihren kleinen Sohn an der Hand und setzte mit der anderen Hand den Buggy mit ihrer Tochter in Bewegung. Der Große, der das Schild auch erkannt hatte, lief voran. »Der Bus bringt uns zu Papa, nicht wahr?«, fragte er und sah sich kurz um. Er strahlte, als er nach seinem Vater fragte.
»Ja«, antwortete Pari und bemühte sich zu lächeln. »Er bringt uns zu Papa.« Pari schluckte den Kloß herunter, der unwillkürlich in ihrem Hals aufgestiegen war. Wie sollte sie ihren Kindern nur erklären, warum sie ihren Vater auf der Anklagebank in einem Gericht sehen würden?

»Puh, das ist wirklich unangenehm«, sagte Herr Kauf und bließ die Wangen auf. Seinen Teller hatte er nicht angerührt, seit er die Akte aufgeschlagen hatte. »Jetzt ist mir doch auch der Appetit vergangen.«

Ich war ein bisschen überrascht. Denn ich war davon ausgegangen, dass es an mir und meiner Unerfahrenheit lag, dass mich das Verfahren so traf. Ich hatte nicht erwartet, dass der Tatvorwurf auch einem so erfahrenen Richter wie Herrn Kauf noch etwas ausmachen würde. Sollte man nach so vielen Jahren im Beruf nicht abgehärtet sein? Oder war es vielleicht eher ein gutes Zeichen, wenn man es noch nicht war?

»Gibt es eine Lösung?«, fragte ich ihn schließlich. Herr Kauf schwieg. Er lehnte sich auf dem schmalen Stuhl zurück und schloss die Akte. »Nein. Ich schätze nicht«, antwortete er langsam. »Zumindest nicht so, wie du es dir wünschst. Im Grunde ist es kein rechtliches Problem. Die Rechtslage ist klar. Sie ist nur unangenehm. Und das macht das Ganze zu einem menschlichen Problem.«

Herr Kauf hatte Recht. Das Verfahren war eigentlich gar nicht wegen der Rechtslage kompliziert. Wenn ich ganz ehrlich war, war es der menschliche Aspekt, der diese Akte auf das Fensterbrett verfrachtet hatte.

Die Akte, die Herr Kauf soeben resigniert geschlossen hatte, gehörte zum Strafverfahren gegen Navid Heydari. Navid war der Ehemann von Pari Heydari, die gerade mit den gemeinsamen Kindern auf dem Weg zum Gericht war. Navid war 24 Jahre alt. Mit 19 hatte er seine Frau Pari geheiratet. Pari war damals gerade 16 gewesen. Navid Heydari war ein Flüchtling aus Teheran. Vor wenigen Monaten war er mit seiner Familie über die Balkanroute nach Deutschland geflüchtet. Er war in seinem Heimatland aufgrund seines christlichen Glaubens verfolgt worden. Grausame, blutige Monate lagen hinter der jungen Familie. Das Gebäude, in dem Navids Familie und andere Christen ihre Gottesdienste abgehalten hatten, war entdeckt und niedergebrannt worden. Alle, die mit der christlichen Religionsgemeinschaft in Verbindung standen, waren daraufhin verfolgt, gefangengenommen oder getötet worden. Nachdem Navids Eltern und zwei seiner Brüder ermordet worden waren, hatte er beschlossen, mit seiner Familie zu fliehen. Er hatte keinen anderen Ausweg mehr gesehen, er musste davon ausgehen, dass auch er bei nächster Gelegenheit getötet werden würde. Was dann aus Pari und den Kindern werden würde, vermochte er sich nicht vorzustellen. Von entfernteren Verwandten und Bekannten hatte er deshalb Geld geliehen und sich Hals über Kopf mit Pari und den drei Kindern auf den Weg gemacht. Nach einer Odyssee über den Balkan war er mit seiner Familie in Deutschland angekommen und wartete jetzt auf das Ergebnis seines Asylverfahrens. Seit wenigen Monaten lebte die Familie hier und gerade jetzt, als sie alle wieder ein wenig das Gefühl von Sicherheit verspürten, war für Navid alles anders gekommen. Nun sollte er sich als Angeklagter vor Gericht verantworten.

Pari Heydari hatte mit ihren Kindern zwischenzeitlich das Gericht erreicht. Die Sicherheitskontrolle hatte mit den drei kleinen Kindern und dem Buggy länger gedauert. Es war also eine gute Entscheidung gewesen schon einen Zug eher zu fahren, dachte Pari, als sie ihre Taschen wieder in das Netz stopfte, das hinten am Buggy befestigt war. Ihre beiden Jungen standen dicht bei ihr. Sie waren noch immer beeindruckt von der großen piepsenden Schleuse, durch die sie hatten gehen müssen und von den Metalldetektoren, mit denen die Wachtmeister sie abgetastet hatten.

Etwas verloren stand Pari nun vor zwei großen Fahrstühlen im Foyer des Gerichts. Der Verhandlungssaal, zu dem sie musste, hatte eine Nummer, aber sie hatte keine Ahnung, wie sie den Saal finden sollte. Aus den großen Tafeln vor dem Fahrstuhl wurde sie nicht schlau. Dort standen lange zusammengesetzte deutsche Worte wie »Zwangsvollstreckungsabteilung«. Pari konnte den Großteil noch nicht übersetzen. Sie überlegte kurz, ob sie mit den Kindern einfach alle Gänge nach der Nummer ihres Saales absuchen sollte. Doch dann fiel ihr Blick auf eine Frau in einer Art Glaskasten. Sie lächelte freundlich und winkte sie heran. Es war die Servicezentrale des Gerichts.

Kapitel 3 – Das Verbot der Protokollverlesung

»Kann ich Ihnen helfen?«, fragte die Frau, als Pari auf den Glaskasten zuging. »Guten Tag«, sagte Pari auf Deutsch und zog ihre Ladung aus der Jackentasche hervor. Sie schob den Zettel durch einen Schlitz in der Glasfront, so dass die Frau ihn nehmen konnte. »Ah, Sie sind als Zeugin geladen«, stellte die Frau fest. »Sie müssen in die dritte Etage.« Pari hatte nicht alles verstanden, was die Frau gesagt hatte. Sie hob entschuldigend die Hände. Da winkte die Frau einen der Wachtmeister heran. »Bringen Sie die Dame doch bitte in die Strafabteilung. Sie ist als Zeugin bei Frau Stahl geladen«, sagte sie zu ihrem Kollegen. Auch jetzt hatte Pari nicht alles verstanden. Aber das Wort Zeugin war schon wieder aufgetaucht. Zeugin. Das Wort kannte sie schon. Die Dolmetscherin hatte es ihr damals bei der Polizei erklärt. Denn heute war nicht das erste Mal, dass Pari als Zeugin vernommen werden sollte.

Fünf Monate zuvor hatte Pari schon einmal auf einem Stuhl an einem kleinen Tisch in der Mitte eines Raumes gesessen und war vernommen worden. Damals, auf der Polizeistation, unmittelbar nach der Tat ihres Mannes, hatte sie eine Aussage gemacht. Sie war aufgewühlt gewesen und sehr emotional. Sie hatte nicht bedacht, welche Folgen eine Aussage für sie und für ihre Familie haben könnte und sie hatte auch den Eindruck gehabt, dass sie aussagen müsste. Sie war belehrt worden, aber sie hatte gar nicht richtig zugehört, so sehr war sie in Gedanken bei ihrer kleinen Tochter gewesen. Und so hatte sie der Polizei an jenem Abend geschildert, was wirklich passiert war. Sie hatte erzählt von der angespannten Situation in der engen Wohnung in der Flüchtlingsunterkunft mit den drei kleinen Kindern. Von den Kindern, die durch die gemeinsame Flucht aus dem Iran noch verängstigt und traumatisiert waren und von ihrem Mann, der unter den Verlusten litt, die er hatte erleiden müssen und den die eigene Hilflosigkeit und das Familienleben auf engstem Raum überforderten. Dann hatte sie vom Verlauf des Abends erzählt. Sie hatte der Polizistin mit ihrem Diktiergerät gegenüber gesessen und ihr erzählt, was passiert war. Davon, dass sie zum Abendessen Nudeln mit einer Gemüsesoße zubereiten wollte. Von dem Nudelwasser, das auf dem Herd schon gekocht hatte, während sie selbst am Tisch gesessen und Tomaten geschnitten hatte. Von der kleinen Tiam, die in Teheran eigentlich schon trocken gewesen war, aber durch die Erlebnisse während der Flucht wieder begonnen hatte nachts einzunässen. Von ihrem Mann, der so wenig Verständnis für das kleine Mädchen hatte, wenn sie nachts die Bettlaken und die Schlafsachen wechseln mussten, weil wieder alles nass geworden war. Und von dem Moment, als die kleine Tiam, die eigentlich baden gehen sollte, in das Wohnzimmer lief, sich auf den Boden hockte und einfach auf den Teppich pullerte. Da war ihrem Mann der Geduldsfaden gerissen. Noch bevor sie hatte reagieren können, hatte Navid das Mädchen geschnappt und nach oben gezogen. Er hatte sie angeschrien und sie kurzerhand auf den Topf mit kochendem Nudelwasser gesetzt.

Pari hatte nicht fassen können, was sie da sah, hatte Messer und Tomate fallen lassen. Dann war sie aufgesprungen. Doch ihr Mann drückte schon den nackten Po des kleinen Mädchens in das siedend heiße Wasser. Die kleine Tiam hatte geschrien und auch Pari schrie laut. »Nein, Navid, was machst du?!«, hatte Pari panisch gerufen und Navid, der noch immer das schreiende Kind in das heiße Wasser drückte, von hinten an Arm und Schultern gezogen.

Aber er war größer als sie und breitschultrig, sodass sie nicht an ihm vorbei kam. »Lass sie los, Navid! Lass sie los, du tust ihr weh!«, hatte sie gerufen. Sie hatte um Hilfe geschrien. Dann hatte sie ihm das Kind entreißen können. Eine Nachbarin musste ihre Schreie gehört haben und war direkt in die Wohnung gekommen. Die Tür war nicht verschlossen gewesen. Pari war mit der schreienden Tiam unmittelbar aus der Tür gestürmt. Sie war die Treppen nach unten zu den Betreuern der Flüchtlingsunterkunft gelaufen. »Hilfe, Hilfe! Einen Arzt, einen Arzt!«, hatte sie gerufen. Die Betreuer hatten nicht verstanden, was passiert war, weil Pari in ihrer Aufregung nur

Arabisch gesprochen hatte, aber sie hatten den Notarzt verständigt. Die Nachbarin, die auch Arabisch sprach, hatte sofort ein Handtuch geholt. Sie hatten versucht, den Po und die Oberschenkel des kleinen Mädchens abzukühlen, aber die Haut war feuerrot gewesen und Tiam hatte nicht aufgehört zu kreischen. Noch nie hatte Pari ihr Kind so schreien hören. Dann plötzlich war das kleine Mädchen ganz ruhig gewesen, hatte die Augen verdreht und war ohnmächtig geworden. Es war ein Kreislaufschock gewesen, ausgelöst durch die starken und großflächigen Verbrühungen. Für einen Moment hatte Pari geglaubt, ihr Kind würde in ihren Armen sterben. Aber gemeinsam mit der Nachbarin und den Betreuern hatten sie immer wieder gekühlt und sie angesprochen. Und dann war der Notarzt gekommen und hatte der kleinen Tiam etwas zur Stabilisierung des Kreislaufs gespritzt. Danach waren sie ins Krankenhaus gefahren.

Während Pari schon auf dem Weg zum Verhandlungssaal war, hatte ich mich nochmal in mein Büro zurückgezogen. Fast eine Stunde hatte ich noch gemeinsam mit Herrn Kauf in der Cafeteria des Gerichts gesessen und das Für und Wider des Falles besprochen. Wir waren das Verfahren gegen Navid noch einmal von vorn bis hinten durchgegangen. Eine Lösung für die menschliche Misere, in die mich das Verfahren brachte, hatten wir nicht gefunden. Es war zum Verzweifeln.

»Manchmal müssen wir da durch«, hatte er gesagt. »Manchmal musst du Entscheidungen treffen, die sich nicht richtig anfühlen, weil es das Gesetz verlangt. Wir müssen versuchen, Menschen zu bleiben, auch wenn wir richten. Aber es gibt Situationen, da steht das Recht über uns. Und hier ist das Recht eindeutig. Es sagt dir, dass du die Wahrheit ausblenden musst, auch wenn das schwer ist.«

Die Wahrheit ausblenden. Hätte mir früher jemand gesagt, dass das Recht so etwas Abstruses von Richterinnen und Richtern verlangen kann, hätte ich es nicht geglaubt. Denn ist die Wahrheit nicht ge-

rade das, was dem Recht zu Grunde gelegt werden muss? Soll das Urteil des Gerichts nicht immer auf der Wahrheit beruhen? Scheinbar nicht, sagte das Gesetz zumindest im Verfahren gegen Navid Heydari. Denn hier sah das Gesetz andere Belange als wichtiger an als die Wahrheit. Wichtiger war hier die Ehefrau des Angeklagten. Es war Pari Heydari, die vor dem Verhandlungssaal wartete. Sie war der Grund des Konflikts, in den mich dieses Verfahren brachte. Denn Pari Heydari hatte vor Gericht ein sogenanntes Zeugnisverweigerungsrecht. Sie würde nicht gegen ihren Mann aussagen müssen, wenn sie es nicht wollte.

Das Gesetz verpflichtet uns grundsätzlich, alle als Zeuginnen und Zeugen vor Gericht zur Verfügung zu stehen. Wer Zeugin oder Zeuge einer Straftat wird, der soll auch zu ihrer Verurteilung beitragen, so will es das Gesetz. Deshalb sind wir nach § 48 Strafprozessordnung alle verpflichtet bei einer Ladung zu einer Zeugenaussage vor Gericht zu erscheinen. Auch die persönlichen Angaben müssen wir alle machen. Und wenn wir aussagen, dann sind wir verpflichtet, die Wahrheit zu sagen, wir dürfen nicht lügen und nichts weglassen wenn wir aussagen. Doch es gibt Ausnahmen von dieser Verpflichtung. § 55 Strafprozessordnung gewährt ein sogenanntes Aussageverweigerungsrecht, wenn wir uns selbst belasten müssten und wir können das Zeugnis verweigern, wenn es um unsere Angehörigen geht. Das legt § 52 Strafprozessordnung fest und schützt damit unsere familiären Bindungen. Pari Heydari würde also schweigen dürfen. Der Angeklagte ist ihr Ehemann; sie würde nicht gegen ihn aussagen müssen, wenn sie es nicht wollte. Und sie wollte nicht noch einmal aussagen, das hatte sie vor der Verhandlung bereits schriftlich zur Akte gereicht. Ihr Vorhaben, auf keinen Fall noch einmal gegen ihren Mann aussagen zu wollen, stellte mich als Richterin aber vor eine fast unmögliche Herausforderung. Denn auch ohne Paris Aussage kannte ich bereits die Wahrheit.

Ich kannte das Protokoll von Paris Vernehmung bei der Polizei. Ich hatte die Bilder der Verletzungen gesehen, ich hatte die ärztlichen Berichte in der Akte gelesen.

Kapitel 3 – Das Verbot der Protokollverlesung

Nachdem die kleine Tiam ins Krankenhaus eingeliefert worden war, wurden bei ihr Verbrühungen dritten Grades am Gesäß, im Intimbereich und an den Rückseiten der Oberschenkel festgestellt. Eine Verbrühung dritten Grades ist nicht mehr vergleichbar mit einer kleinen Verbrennung, weil man sich mal eben den heißen Kaffee über die Hand geschüttet hat. Es ist eine deutlich schwerwiegendere Verletzung. Deshalb war auch der Kreislauf der Kleinen zwischenzeitlich zusammengebrochen. Sie war auf der Intensivstation, später auf der Kinderstation des Krankenhauses behandelt worden. Durch die starke Verbrühung war es zu einer teilweisen Ablederung der Haut gekommen. Das bedeutet, dass die oberste Schicht der Haut sich von dem Fleisch, das sie eigentlich schützen soll, ablöst. Wie schmerzhaft das im Intimbereich und am Gesäß sein muss, mag man sich gar nicht ausmalen.

Tiam hatte Glück gehabt; nur weil ihr Gewebe noch so jung war, war eine Hauttransplantation nicht notwendig. Trotzdem war noch nicht absehbar, ob es zu Verwachsungen oder anderen Langzeitschäden im Bereich der Verletzungen kommen würde. Ihr Vater hatte sich durch seine Tat der Misshandlung von Schutzbefohlenen und der gefährlichen Körperverletzung schuldig gemacht. Ihm drohte nach §§ 224 Abs. 1, 225 Abs. 1 Strafgesetzbuch eine Freiheitsstrafe von sechs Monaten bis zu zehn Jahren. Zumindest, wenn ihm nachzuweisen war, dass er das Mädchen in das kochende Wasser gedrückt hatte. Doch die Beweislage war dünn.

Die Rechtsmedizinerin, die die kleine Tiam unmittelbar nach ihrer Einlieferung ins Krankenhaus untersucht hatte, hatte zwar ein eindeutiges Gutachten mit wirklich aussagekräftigen Bildern erstellt. Sie ließen keinen Zweifel daran offen, dass das Kind auf einen Topf mit kochendem Wasser gesetzt worden war. Sie beschrieben die Verbrühungen an Gesäß und Intimbereich, die in diesem Ausmaß nur durch Wasser im Bereich der Siedetemperatur verursacht sein konnten. Sie zeigten die klare Abgrenzung des verbrühten Gewebes an den Oberschenkelrückseiten zu dem unverletzten Gewebe, was darauf schließen ließ, dass es eine Abgrenzung des Wassers an der

Haut gegeben haben musste und das Kind nicht etwa in eine zu heiße Wanne gesetzt worden war. Auch der Rand des heißen Metalltopfes hatte sich in die Haut hineingebrannt. Auf den Lichtbildern war das deutlich zu erkennen. Schließlich führte die Rechtsmedizinerin in ihrem Gutachten aus, dass der Schweregrad der Verletzungen auf einen Kontakt mit dem heißen Wasser schließen ließ, der mindestens mehrere Sekunden angedauert haben musste. Jegliches Herunterspielen oder Abwandeln des Tatablaufs schien damit unmöglich. Es stand fest, dass das Kind gewaltsam auf einen Topf mit heißem Wasser gedrückt und dort festgehalten worden sein musste. Allerdings war damit nicht bewiesen, wer das getan hatte. Zumindest nicht, wenn man dem Recht folgte.

Natürlich waren sowohl Pari als auch ihr Mann polizeilich vernommen worden. Pari war direkt aus dem Krankenhaus zur Polizeiwache gefahren worden. Dort hatte sie unterstützt durch einen Dolmetscher ausführlich erzählt, was passiert war. Doch Navid hatte von seinem Aussageverweigerungsrecht Gebrauch gemacht. Natürlich steht auch ihm das Recht nach § 55 Strafprozessordnung zu. Auch er muss sich nicht selbst belasten. Er darf schweigen und sein Schweigen darf nicht gegen ihn verwendet werden.

Deshalb hatte Pari am nächsten Tag noch einmal vernommen werden sollen, dieses Mal vor einem sogenannten Ermittlungsrichter, einem Richter, der für Anordnungen und Maßnahmen während laufender Ermittlungsverfahren zuständig war und vor dem einer Aussage ein höherer Beweiswert zukommen würde. Aber Pari sagte nichts mehr. Angekommen im Gericht und gegenüber dem Mann, der sich als Richter vorstellte, schwieg sie zu den Vorwürfen gegen ihren Ehemann. Somit machte sie von ihrem Zeugnisverweigerungsrecht Gebrauch. Dieses Recht dient dem Schutz von Familien. Niemand soll in den Konflikt zwischen der Pflicht zur wahrheitsgemäßen Aussage und dem Wunsch die eigene Familie zu schützen, gebracht werden. Deshalb dürfen Zeuginnen und Zeugen vor jeder Vernehmung selbst entscheiden, ob sie aussagen und den Beschuldigten belasten möchten, oder nicht. Dieses Recht geht so weit, dass es sogar vorangegangene Aussagen erfasst. Entscheidet sich eine Zeugin oder Zeuge dazu, vor Gericht von dem Zeugnisverweigerungsrecht Gebrauch zu machen, darf auch eine frühere Aussage nicht auf anderen Wegen in die Verhandlung eingeführt werden. Eine frühere Aussage vor der Polizei etwa darf nicht verlesen werden. Auch die Polizeibeamten dürfen nicht als Zeugen vom Hören-Sagen vernommen werden und die frühere Aussage wiedergeben. Beides folgt aus § 252 Strafprozessordnung. Die Zeugen und ihre Familien werden umfassend geschützt, weshalb eine Verweigerung in die Vergangenheit fortwirkt. Es gibt eine einzige Ausnahme dieser Regelung: es ist die Vernehmung durch den Ermittlungsrichter, den Richter, der schon im laufenden Ermittlungsverfahren Zeuginnen und Zeugen vernehmen kann. Das Gesetz geht davon aus, dass eine Vernehmung durch einen Richter, auch schon im Ermittlungsverfahren, zusammen mit einer entsprechenden Belehrung den Zeuginnen und Zeugen den Ernst der Lage, die Auswirkungen einer Aussage so vehement vor Augen führt, dass sie von dieser Aussage zu einem späteren Zeitpunkt nicht mehr abrücken können.

Ein Ermittlungsrichter ist deshalb die einzige Person, die über eine frühere Vernehmung einer Zeugin oder eines Zeugen vernommen werden darf, wenn die Zeugin oder der Zeuge zu einem späteren Zeitpunkt die Aussage verweigert. Das Problem war, dass Pari genau vor diesem Ermittlungsrichter schon nicht mehr ausgesagt hatte. Schon dort hatte sie sich entschieden, ihren Mann nicht zu belasten und die Aussage zu verweigern. Pari hatte nur ein einziges Mal und das nur vor der Polizei ausgesagt.

Eine erneute Verweigerung der Aussage würde dazu führen, dass die Vernehmung vor der Polizei auf keinem Wege in die Hauptverhandlung einzuführen wäre. Und das Gesetz geht noch weiter: § 261 Strafprozessordnung gibt vor, dass nur das, was Gegenstand der Beweisaufnahme in der Hauptverhandlung ist, zur Grundlage eines Urteils werden kann. Das Gericht entscheidet nach seiner freien, aus dem Inbegriff der Hauptverhandlung geschöpften Überzeugung, steht in § 261 Strafprozessordnung. Ich bin als Richterin also frei in meiner Entscheidung. Aber ich darf nur das berücksichtigen, was ich aus der Hauptverhandlung schöpfen kann. Nur das, was durch Vernehmung, Verlesung oder Augenschein in die Hauptverhandlung unmittelbar eingeführt wird, darf genutzt werden, um den Angeklagten zu verurteilen. Frei fühlte ich mich dadurch allerdings wirklich nicht mehr. Denn es gab in diesem Verfahren eine Aussage der Hauptbelastungszeugin, die den Tathergang glasklar schilderte. Eine Aussage, die ich kannte, von der ich wusste, die ich selbst gelesen hatte. Eine Aussage, auf die ich aber kein Urteil stützen konnte, weil ich sie partout nicht in meine Hauptverhandlung einführen konnte. Das Recht sagt an dieser Stelle ganz eindeutig, dass der Schutz der Zeugin, der Schutz ihrer familiären Beziehungen, dass ihre Entscheidung zu schweigen und ihren Mann nicht zu belasten wichtiger ist als die Verurteilung des Straftäters.

Das Gesetz sagt, dass das Versprechen an eine Zeugin keine Aussage machen zu müssen, ihre Angehörigen nicht belasten zu müssen, nicht gebrochen und auch nicht umgangen werden darf. Es hat einen so hohen Stellenwert, dass es in dieser Konstellation wichtiger ist als die Wahrheit selbst. Auch dann, wenn die Wahrheit bereits bekannt ist.

Aber kann man ein Urteil fällen, das die Wahrheit einfach außen vorlässt? Kann man eine Entscheidung treffen, in der die Wahrheit einfach ausgeblendet wird? Kann man einen Straftäter freisprechen, auch wenn kein Zweifel besteht, dass er eine Tat begangen hat? Kann das das Ergebnis einer Verhandlung, kann das ein Urteil im Namen des Volkes sein?

Ich stützte den Kopf in die Hände und schloss die Augen, vor denen die Paragraphen und Fragen nur so flirrten. Dann blickte ich auf die Uhr. Es war an der Zeit in den Sitzungssaal zu gehen. Navid Heydari würde gleich aus der Untersuchungshaft ins Gericht transportiert werden. Ich würde jetzt verhandeln müssen. Ich würde ein Urteil fällen müssen. Auch wenn ich nicht wusste, wie ich das machen sollte.

Kapitel 3 – Das Verbot der Protokollverlesung

An diesem Tag schritt ich weit weniger schwungvoll als sonst zu meinem Sitzungssaal. Schwer wog der Stapel Akten in meinem Arm, nicht nur wegen des Umfangs des Verfahrens, sondern vor allem wegen der Entscheidung, die vor mir lag. *Das Recht sauber anwenden und die Wahrheit ignorieren? Oder einen Straftäter verurteilen aber dafür die Rechte einer Zeugin außer Acht lassen und somit ein fehlerhaftes Urteil in die Welt setzen? Was sollte ich nur tun?*

Schweigsam nahm ich am Richtertisch Platz und ordnete die Akten und meine Notizen in der Reihenfolge, in der ich sie benötigen würde. Ganz leise hoffte ich noch immer, dass vielleicht doch die übrigen Beweismittel genügen würden, um die Schuld des Angeklagten zu beweisen. Dass sich der Konflikt zwischen Recht und Wahrheit so vielleicht doch lösen ließe. Vielleicht war die Aussage der Sanitäter vor Gericht doch ergiebiger als bei der Polizei? Vielleicht die der Betreuer in der Flüchtlingsunterkunft? Oder würde Pari Heydari sich heute vielleicht doch dazu durchringen können auszusagen?

Sie tat es nicht. Angespannt hatte ich etwa eine Stunde später ihren Namen über die Gegensprechanlage im Flur ausrufen lassen. Die Beweisaufnahme bis dahin war wenig ergiebig gewesen. Die Aussagen der übrigen Zeugen waren – wie zu erwarten – aufgrund der Sprachbarriere schwammig. Die Bruchstücke, die die Betreuer und Sanitäter in Paris Schilderungen am Abend der Tat hatten verstehen können, passten ins Bild, waren für sich genommen aber nahezu haltlos. Die Nachbarin, die Pari geholfen hatte, war noch immer unbekannten Aufenthalts. Das Gutachten der Gerichtsmedizin klärte den Tathergang, gab aber keinen Aufschluss über den Täter. Auch der Miene des Staatsanwalts war anzusehen, dass das Eis für die Anklage langsam dünn wurde.

Dann öffnete sich die Saaltür. Eine junge Frau mit Kopftuch schob einen Buggy mit einem kleinen Mädchen in den Saal. Hinter ihr drückten sich zwei kleine Jungen an ihren Rücken. Sichtlich beeindruckt sahen sie sich um.

»Guten Tag Frau Heydari«, begrüßte ich die Zeugin. Die junge Frau sah mich an und nickte. Sie wirkte entschlossen. Sie schob die beiden Jungen in Richtung der Zuschauerplätze nahe der Tür und gab ihnen mit einer Handbewegung zu verstehen dort Platz zu nehmen. Dann hob sie das kleine Mädchen aus dem Buggy und wollte es neben ihre Brüder setzen. Doch die Kleine wehrte sich und krallte sich an ihrer Mutter fest. Ich hörte Pari in Arabisch zu dem Mädchen sprechen, doch das Mädchen fing an zu weinen. »Verzeihung«, sagte Pari verunsichert in meine Richtung und hob die Kleine wieder auf den Arm. »Sie kennt nicht sowas und ich habe niemanden zu Hilfe«, versuchte sie in gebrochenem Deutsch zu erklären. Ich winkte sie nach vorn.

»Das ist nicht schlimm Frau Heydari. Nehmen Sie Ihre Tochter einfach mit zu sich, sie kann auf ihrem Schoß sitzen, wenn sie möchte«, sagte ich und deutete auf den Zeugenplatz in der Mitte des Saales. Pari sah mich verständnislos an. Die anwesende Dolmetscherin begann zu sprechen. Pari ging zum Zeugentisch und setzte sich. Die kleine Tiam nahm sie auf ihren Schoß. Mit großen Augen sah das Mädchen zu mir nach oben. Ich schluckte beklommen bei dem Gedanken daran, was ihr passiert war. Erst vor wenigen Minuten hatte ich das ärztliche Gutachten verlesen und vorgetragen, dass noch immer nicht absehbar war, ob die Verbrühungen in ihrem Intimbereich langfristig zu Folgeschäden führen würden.

Ich schob den Gedanken beiseite und versuchte, mich wieder auf meine Aufgabe zu konzentrieren.

»Frau Heydari«, fing ich an, »sie sollen heute als Zeugin vor Gericht vernommen werden. Als Zeugin haben Sie grundsätzlich die Pflicht wahrheitsgemäß auszusagen. Eine falsche uneidliche Aussage kann mit einer Freiheitsstrafe von bis zu einem Jahr bestraft werden. Sie müssen sich aber nicht selbst belasten, sich selbst also keiner Straftat bezichtigen. Weil Sie mit dem Angeklagten verheiratet sind, haben Sie außerdem ein sogenanntes Zeugnisverweigerungsrecht. Wenn Sie davon Gebrauch machen, müssen Sie heute keine Aussage machen.«

Ich sprach bewusst langsam und deutlich, dann wartete ich, während die Dolmetscherin meine Belehrung übersetzte. Pari aber sah die Dolmetscherin nicht an. Sie blickte zu ihrem Mann, der zwischen der Dolmetscherin und seinem Verteidiger saß. Die Entschlossenheit in ihrem Blick wich, ihre Lippen zuckten und ihre Augen füllten sich mit Tränen. Navid hielt den Kopf gesenkt, so wie er es schon beinahe die ganze Verhandlung getan hatte. Er hatte alle notwendigen Fragen über seinen Anwalt beantworten lassen und darüber hinaus von seinem Recht zu Schweigen Gebrauch gemacht. Er wirkte mitgenommen, aber doch gefasst.

Das sollte sich allerdings schlagartig ändern. Denn die kleine Tiam hatte den Blick ihrer Mutter bemerkt und sich ebenfalls zur Seite gedreht.»Baba?«, hatte sie leise gerufen. Navid sah auf.»Baba!«, rief die Kleine noch lauter und streckte dann die Arme in seine Richtung,»Baba!«. Da brach Navid zusammen. Schluchzend vergrub er das Gesicht in den Händen. Er wandte sich ab und konnte doch nicht verbergen, was der Anblick der kleinen Tochter in ihm ausgelöst hatte.

Sein Anwalt beantragte eine Unterbrechung der Verhandlung. Er besprach sich lange mit seinem Mandanten. Fast eine halbe Stunde wartete ich gemeinsam mit dem Staatsanwalt und den Angehörigen im Saal auf ihre Rückkehr. Dann bat der Verteidiger um ein Rechtsgespräch. Unter Ausschluss der Öffentlichkeit stellte er in Aussicht, dass sein Mandant ein umfassendes Geständnis ablegen würde, wenn seine Frau umgehend aus dem Zeugenstand entlassen würde. Sein Anwalt selbst hätte ihm zwar davon abgeraten, aber Navid konnte nicht ertragen, dass seine Frau vor Gericht vernommen werden würde. Er wollte sie nicht in die menschliche Zwangslage bringen, für ihn zu schweigen. Er wollte nicht, dass seine Kinder einen Prozess gegen ihn mit ihrer Mutter am Zeugentisch ertragen mussten. Nicht angesichts dessen, was er getan hatte. Stattdessen wollte er die Verantwortung für sein Handeln übernehmen.

Und so kam es. Als ich die Verhandlung nach dem Rechtsgespräch fortsetzte, legte der Angeklagte ein vollumfängliches Geständnis ab. Er erzählte von seiner Flucht aus Teheran. Von der Verfolgung von Christen, von seinen ermordeten Eltern und Brüdern, den abgebrannten Räumen, in denen sie gebetet hatten und ihrer Odyssee auf dem Weg nach Deutschland.

Er schilderte, dass er zu Hause mit der Kindererziehung nicht so viel zu tun gehabt hatte und ihn die Situation mit der ganzen Familie auf so engem Raum einfach sehr belastet habe. Die Kinder hätten viel geschrien und wären oft schwer zu beruhigen gewesen. Er hätte nicht gewusst, was er tun sollte, sei überfordert gewesen. Dann hätte die kleine Tiam wieder angefangen nachts einzunässen. Die Angst, die Flucht, das Chaos, all das war auch an dem Mädchen nicht spurlos vorüber gegangen. Dabei sei sie eigentlich schon längst sauber gewesen. Das habe ihn geärgert. Und als sie sich einfach auf den Teppich direkt vor ihn gehockt habe, um dort Pipi zu machen, sei ihm der Kopf geplatzt. Er habe sie genommen und auf den Topf gesetzt, in dem die Nudeln kochten. Er habe sie strafen wollen. Aber er wollte nicht schlagen. Er konnte nicht sagen, was zur Hölle er sich dabei gedacht hatte, das Kind auf den Topf mit kochendem Nudelwasser zu setzen. Er verstehe sich selbst auch nicht mehr.

Das Geständnis dauerte lang, denn Navid sprach langsam und war sehr emotional. Die Dolmetscherin übersetze simultan, musste aber immer wieder innehalten, weil Navid weinte. Die Stimmung im Saal war mehr als beklommen. Auch ich selbst hatte Mühe, eine professionelle Distanz zu den Geschehnissen zu wahren.

Ich verurteilte Navid Heydari zu einer Freiheitsstrafe. Von der Vernehmung seiner Frau konnte ich absehen. Alle übrigen Beweismittel führte ich zur Stützung des Geständnisses in den Prozess ein. Ich war erleichtert über die unerwartete Wendung, weil ich so zumindest ein Urteil hatte sprechen können, das der Wahrheit entsprach. Trotzdem ist mir das Verfahren gegen Navid Heydari bis heute in Erinnerung geblieben. Das mag zum einen an den furchtbaren Verletzungen liegen, die die kleine Tiam erlitten hat und die für sich das Verfahren schon zu einem menschlich schwer erträglichen Stück juristischer Arbeit gemacht haben. Aber auch die Anforderungen, die das Gesetz in diesem Verfahren an mich stellen wollte, haben mich bis heute nicht losgelassen. Denn auch wenn rein rechtlich die Gewichtung der Rechte der Zeugin über der Wahrheit nachvollziehbar und richtig sein mögen, sind sie doch menschlich nicht einfach zu akzeptieren.

Ich frage mich noch heute, ob es mir ohne Navids Geständnis gelungen wäre, die rechtlichen und die menschlichen Aspekte in diesem Verfahren miteinander zu vereinbaren. Und ich frage mich, ob sich dieser Teil der Aufgaben einer Richterin überhaupt mit mir als Mensch vereinbaren lässt.

Kapitel 4
Der Befangenheitsantrag

§ 24 Strafprozessordnung

(1) Ein Richter kann sowohl in den Fällen, in denen er von der Ausübung des Richteramtes kraft Gesetzes ausgeschlossen ist, als auch wegen Besorgnis der Befangenheit abgelehnt werden.

(2) Wegen Besorgnis der Befangenheit findet eine Ablehnung statt, wenn ein Grund vorliegt, der geeignet ist, Misstrauen gegen die Unparteilichkeit eines Richters zu rechtfertigen.

(3) Das Ablehnungsrecht steht der Staatsanwaltschaft, dem Privatkläger und dem Beschuldigten zu. Den zur Ablehnung Berechtigten sind auf Verlangen die zur Mitwirkung bei der Entscheidung berufenen Gerichtspersonen namhaft zu machen.

Irgendwann musste es so weit kommen, dachte ich, als ich mir ein Glas Rotwein eingoss. Ein großes Glas von dem guten Rotwein, den ich eigentlich für Weihnachten bestellt hatte. Es war nicht einmal 18.00 Uhr, und ich war mutterseelenallein zu Hause. Eben erst war ich aus dem Gericht heimgekommen. Aber heute half alles nichts; der Rotwein ist quasi Notwehr, dachte ich, während ich die ersten kleinen Schlucke nahm. Ich öffnete mir eine Tafel Schokolade dazu. Heute war wirklich kein guter Tag gewesen. Denn zum ersten Mal war ich wegen Befangenheit als Richterin abgelehnt worden. Sie erinnern sich, vor einem Befangenheitsantrag hatte ich von Anfang an Angst gehabt. Im Grunde war es nur eine Frage der Zeit gewesen, bis das passieren würde. Und hätte ich eine Wette abschließen müssen, wäre ich bestimmt davon ausgegangen, dass es schneller gegangen wäre.

Kapitel 4 – Der Befangenheitsantrag

Ich war mit Leib und Seele Staatsanwältin. Ich hatte es geliebt zu diskutieren, zu streiten und zu plädieren. Die Geschichten von Angeklagten zu widerlegen, Verteidiger zu bremsen und lügenden Zeugen deutlich und direkt ins Gesicht zu sagen, dass ich ihnen absolut kein Wort glaubte. Ich hatte unglaublich gern meine Meinung gesagt. Es entsprach einfach meiner Persönlichkeit. Unglücklicherweise verträgt sich dieser impulsive und offene Teil meiner selbst aber so gar nicht mit dem Job der Richterin. Denn als Richterin muss ich unbefangen sein. Unparteilich. Neutral. Zurückhaltend. Angesichts meines losen Mundwerks und meiner manchmal etwas unorthodoxen Methoden können Sie sich also vorstellen, dass der Befangenheitsantrag vom ersten Tag an, wie ein Damoklesschwert über mir schwebte. Ständig befürchtete ich, ein gewiefter Verteidiger könnte eine unbedachte Äußerung von mir nutzen, um mich für befangen zu erklären und mich so aus dem Rennen zu kegeln. Über Wochen hatte ich versucht, erst zu denken und dann zu sprechen. Auch wenn mir das weiß Gott (noch immer!) schwerfällt.
Trotzdem war es heute passiert: Meine erste Ablehnung als Richterin. Doch dazu war es ganz anders gekommen, als ich es mir je hatte vorstellen können.

Während ich es mir auf meiner Couch gemütlich machte, sprang Tom Egler mit schnellen Schritten die Treppe vor der Eingangstür seines Elternhauses herunter. Seine Mutter hatte ihm noch einmal hinterher gerufen, doch Tom hatte die Haustür schnell hinter sich zugezogen. Er stopfte den Brief, den er gerade seiner Mutter entrissen hatte, wütend in seine Jackentasche und fuhr sich dann mit der Hand durch seine widerspenstigen Haare.»Fuck«, fluchte er leise und stapfte durch den schon tauenden Schnee über den elterlichen Hof. Kurz wollte er sich noch einmal umdrehen, aber er wusste auch so, dass seine Mutter ihm durch das Küchenfenster nachschauen würde. Warum aber hatte auch ausgerechnet sie den Brief in die Hände bekommen! Er hätte damit rechnen und vorsichtiger sein müssen, ärgerte sich Tom.

Kapitel 4 – Der Befangenheitsantrag

Am anderen Ende des Hofes angekommen, schob er das schwere Tor zu der alten Garage auf. Er musste sich mit ganzer Kraft dagegenstemmen, denn der Frost der letzten Tage hatte die Pflastersteine auf dem Hof nach oben gedrückt, so dass das Tor ein wenig auf dem Boden aufsetzte und nicht mehr ganz so leicht zur Seite zu schieben war. Durch einen kleinen Spalt schlüpfte Tom hindurch. Dann zog er das Tor wieder hinter sich zu, klopfte den Schnee von seinen Schuhen und schaltete das Licht in der Garage an. Er rieb sich die Hände. Auch hier in der Garage war es kalt. Aber immerhin würde er hier seine Ruhe haben und seine Mutter würde ihm nicht ständig im Nacken sitzen. Tom zog den leicht zerknüllten Brief wieder aus der Jackentasche. »Amtsgericht« war unübersehbar als Absender notiert. Tom stöhnte bei dem Gedanken daran, was der Brief enthalten würde. Kein Wunder, dass seine Mutter bei diesem Absender panisch geworden war und seinen Brief hatte öffnen wollen. Er konnte ihr den sich anschließenden Streit am Küchentisch eigentlich nicht verübeln. Sie hatte Angst, wollte ihn schützen, nur deshalb war sie laut geworden, das wusste Tom. Für sie würde er immer der kleine Tommi bleiben, auch wenn er sie schon lange um fast zwei Köpfe überragte. Tom lehnte sich an den alten Jaguar, der mit offener Motorhaube in der Garage stand. Dann zündete er sich eine Zigarette an. Er nahm einen tiefen Zug und behielt die Zigarette in seinem Mundwinkel, während er vorsichtig den Brief des Amtsgerichts öffnete.

Zwei Wochen zuvor war ich zum ersten Mal mit dem Schreiben befasst gewesen, das Tom soeben aus dem Briefumschlag des Gerichts gezogen hatte. Denn es enthielt eine Anklage der Staatsanwaltschaft, die zur Verhandlung und Entscheidung auf meinem Schreibtisch gelandet war. Die Anklage richtete sich gegen Tom. Schon beim ersten Lesen war für mich klar, dass ich in diesem Fall nicht unbefangen würde entscheiden können. Auch wenn das Gesetz das offenbar anders beurteilte.

Kapitel 4 – Der Befangenheitsantrag

Nach dieser Erkenntnis, einer weiteren Stunde rechtlicher Recherche und nochmaligen Lesen der Anklage hätte auch ich mir gern eine Zigarette angezündet. Auch wenn ich seit Jahren nicht geraucht hatte. Denn die Sache war sowohl rechtlich als auch menschlich völlig verfahren. Jetzt, zwei Wochen später, galt ich offiziell als abgelehnt. Heute hatte ich es schwarz auf weiß in der Akte lesen können: ich war befangen, ich galt als parteilich, sollte nicht als Richterin über diese Anklage entscheiden dürfen. Ich seufzte und nahm noch ein Stück von der Schokolade, während ich, in Gedanken an Tom, auf die Schneeflocken vor meinem Fenster starrte.

Als die Anklage gegen Tom auf meinem Schreibtisch und auf dem Küchentisch seiner Mutter landete, war Tom 28 Jahre alt. Er war also genauso alt wie ich. Tom kam aus einem klassischen bürgerlichen Elternhaus. Er war das einzige Kind fürsorglicher Eltern. Er war wohlbehütet aufgewachsen und hatte das Gymnasium besucht. Schon früh hatte Tom eine Leidenschaft für den Umbau von Autos entdeckt. Kaum volljährig hatte er von seinen Ersparnissen einen alten Opel Corsa gekauft und ihn in mühevoller Kleinarbeit, wenn auch mit eher fragwürdigem Geschmack, »getunt«. Er hatte die Rückbank und die Abtrennung zum Kofferraum ausgebaut, stattdessen große Sportsitze mit Überrollbügel und eine Musikanlage in den kleinen Flitzer geschraubt. Er hatte Spoiler angebracht, andere Felgen montiert und das Auto umlackiert. Nachdem er einige Monate mit dem getunten knallgrünen Corsa mit schwarzen Rallye-Streifen zur Schule gefahren war, hatte er ihn gewinnbringend verkauft. Von dem Erlös hatte er sich ein größeres Auto leisten können. Auch das hatte er entsprechend »verbessert« und gewinnbringend weiterverkauft.

Toms Vater hatte den Aktivitäten seines Sohnes in der heimischen Werkstatt mit einem gewissen Stolz zugesehen. Er hatte früher selbst auch gern an Autos geschraubt. Toms Mutter war eher besorgt. Nur knapp bestand ihr Sohn sein Abitur, obwohl alle Lehrer sich einig waren, dass Tom viel bessere Noten hätte erzielen können.

Kapitel 4 – Der Befangenheitsantrag

Das Studium im Maschinenbau, dass Tom angefangen hatte, lief eher schlecht als recht. Er verbachte seine Tage lieber unter Autos als über Büchern. Toms Geschäfte im Bereich der Fahrzeugaufbereitung hingegen florierten. Seine Fähigkeiten im Umbau alter Autos, aber auch sein Geschmack waren deutlich besser geworden. War er im ersten Semester noch mit einem Audi Quattro gestartet, hatte er schon in den Semesterferien auf Oldtimer umgesattelt. Dem original Jaguar aus den 70ern folgte ein Pontiac aus den 50ern und schließlich ein alter Porsche 911er. Er hatte sie alle in desolatem Zustand aufgekauft, über Monate wieder flott gemacht und weiterverkauft. Seinem Kontostand taten seine Geschäfte gut; er wurde nicht reich davon, aber es ließ sich gut davon leben. Und noch besser damit fahren. Unter der Woche verbrachte Tom seine Abende in der Werkstatt und schraubte an seinen Autos. An den Wochenenden führte er junge Mädchen mit seinen schicken Oldtimern aus. Toms Studium tat das Ganze weniger gut. Er wechselte die Universität, weil er zu oft durch Klausuren durchgefallen war. Er verschob weitere Prüfungen, wechselte das Studium und brach schließlich doch ab. Inzwischen, mit 27 Jahren, hatte Tom noch einmal angefangen zu studieren. Der dritte Versuch. Sein Vater hatte im Grunde die Nase voll gehabt, er meinte, sein Sohn müsse nun endlich etwas Vernünftiges aus seinem Leben machen. Er könne nicht ewig studieren und an Autos schrauben, hatte er gesagt. Vielleicht sollte er doch einfach eine praktische Ausbildung machen. Seine Mutter aber hatte sich noch einmal erweichen lassen. Und so war Tom wieder zu Hause eingezogen und hatte ein duales Studium in einem örtlichen Betrieb aufgenommen.

Das einzige Problem war nun die Anklage, die er in den Händen hielt. Der Vorwurf der Staatsanwaltschaft rührte aus Toms kleinem Geschäft im Bereich der Fahrzeugsaufbereitung. Zur Finanzierung seines doch recht kostspieligen Hobbies und um nicht immer seine lieb gewonnenen Oldtimer weiterverkaufen zu müssen, wenn er ein neues Objekt zum Restaurieren kaufen wollte, hatte Tom angefangen, auch einzelne Fahrzeugteile »aufzubereiten«. Bei den Autoteilen hatte er im Zuge des Umbaus die Grenzen der Legalität allerdings nicht bedacht. Tom hatte festgestellt, dass der Preisunterschied einer hochwertigen Alufelge ohne Markennamen und einer Alufelge eines Luxusautoherstellers sich auf gut 2.000,- Euro pro Felgensatz belief. Und er hatte festgestellt, dass sich die Felgen im Grunde nur durch ein kleines Emblem in der Mitte der Felge unterscheiden. Ein Emblem, das man für etwa 50,- Euro pro Stück im Internet erwerben konnte. So ließ sich der Wert eines gewöhnlichen Satzes Alufelgen mit einer Investition von etwa 200,- Euro und ein wenig Arbeit in der Werkstatt um etwa 2.000,- Euro steigern. Die Krux an der Sache ist natürlich, dass allein ein Emblem von Porsche eine gewöhnliche Alufelge noch nicht zu einer Porschefelge macht. Diese Erkenntnis hatte irgendwann auch ein Abnehmer von Toms »aufbereiteten« Alufelgen. Er hatte eine gebrauchte und aufbereitete Alufelge von Porsche bestellt und eine gewöhnliche Alufelge mit Porscheemblem bekommen. Er zeigte Tom wegen Betruges an. Die Staatsanwaltschaft, die die Anzeige bearbeitete, entdeckte Toms Internetshop und klagte Tom nicht nur wegen gewöhnlichen, sondern wegen gewerbsmäßigen Betrugs an. Schließlich verdiente Tom offensichtlich sein Geld mit derartigen Geschäften. Der gewerbsmäßige Betrug ist kein Kavaliersdelikt; er wird nach § 263 Abs. 3 Strafgesetzbuch mit Freiheitsstrafe von sechs Monaten bis zu zehn Jahren bestraft. Eine Geldstrafe gibt es dafür nicht mehr. Das waren keine guten Aussichten für Tom, der doch auf Zureden seiner Mutter gerade sein duales Studium aufgenommen hatte. Tom hatte richtig Mist gebaut. Und er setzte mich damit dem Vorwurf der Befangenheit aus.

Allein der Umstand, dass Tom im Grunde ein anständiger Kerl gewesen war, bevor er auf die Idee gekommen ist, bei der Aufbereitung seiner Autoteile seine Kunden zu täuschen, hätte mich natürlich noch lange nicht befangen sein lassen. Dazu bedurfte es schon etwas mehr.

Kapitel 4 – Der Befangenheitsantrag

Eine Richterin oder ein Richter kann wegen der Besorgnis der Befangenheit abgelehnt werden, wenn ein Grund vorliegt, der geeignet ist, Misstrauen gegen die Unparteilichkeit zu rechtfertigen. So ein Grund ist nicht schon bei jeder Kleinigkeit gegeben. In der richterlichen Praxis wären wir bei dieser Annahme wohl bei jeder zweiten Anklage nicht mehr handlungsfähig. Einer meiner Ausbilder hat mir deshalb einen guten Ratschlag mit auf den Weg gegeben. Er meinte, ein bisschen befangen wären Richterinnen und Richter fast immer. Denn fast immer hat man das leise Gefühl, die eine oder die andere Seite etwas mehr zu favorisieren.

Immer ist man beeinflusst von seinen persönlichen Erfahrungen, Einstellungen und Prägungen. Sind Sie zum Beispiel passionierter Fahrradfahrer, werden Sie bei einem Umfall zwischen einem Fahrradfahrer und einem Autofahrer tendenziell eher den Fahrradfahrer bemitleiden. Wohingegen Sie für diesen weniger Verständnis haben werden, wenn Sie selbst regelmäßig Auto fahren, auf dem Weg ins Büro täglich einen viel befahrenen Radweg kreuzen und erst gestern von einem unvorsichtigen Radfahrer geschnitten wurden. Diese unwesentliche persönliche Befangenheit sei auch gar nicht weiter schlimm, erklärte mir mein Ausbilder damals. Solange wir uns ihr nur bewusst sind und sie reflektieren. Wir dürften unsere Entscheidungen davon nicht beeinflussen lassen. Erst wenn das nicht mehr möglich sei, wenn wir uns nicht mehr sicher wären, ob wir auch unbefangen handeln könnten, dann müssten wir eine Ausschließung prüfen, hatte mein Ausbilder mir damals erklärt.
So hatte ich es seitdem auch gehandhabt. Aber bei Tom Egler fiel mir die Sache mit der eigenen Reflexion unglaublich schwer. Hier war ich möglicherweise tatsächlich mehr als nur ein unwesentliches bisschen befangen. Denn Tom Egler war mein Exfreund.

Tom und ich hatten uns während des Studiums kennengelernt. In einem Studentenclub hatte man uns einander vorgestellt. Mir war der große schlaksige Kerl, der mit der Zigarette im Mundwinkel fast schüchtern den Kopf schief legte, sofort sympathisch gewesen. Wir haben viel getanzt an diesem Abend, so richtig klassisch zu zweit. Diskofox. Später hatte er mich in seinem schönen Oldtimer nach Hause gefahren. Ganz gentleman versteht sich. Unserem ersten gemeinsamen Abend folgten kitschig romantische Dates, an die ich mich bis heute erinnere. Ich könnte von einem nächtlichen Picknick auf einem Golfplatz erzählen, wenn ich nicht Angst hätte, dass der potenzielle Hausfriedensbruch doch noch nicht verjährt sein könnte. Aber ich will gar nicht zu sehr ins Detail gehen. Halten wir fest: Nach einem rosa-roten Sommer war ich ziemlich schlimm verliebt in Tom. Und dann war Tom weg. Er hatte zu Beginn des neuen Semesters die Uni gewechselt. Und damit auch die Stadt. Eine Weile hatten wir noch Kontakt gehalten und uns ab und an besucht, dann verloren wir uns aus den Augen. Ich hatte ewig nichts von Tom gehört. Bis ich seine Akte auf meinem Schreibtisch fand. Der Name hatte mich stutzen lassen. Der Tatvorwurf und sein Geburtsdatum hatten meinen Verdacht bestätigt. Es war Tom. Ich sah ihn förmlich vor mir stehen, wie James Dean mit der Zigarette im Mundwinkel. Angelehnt an seinen Oldtimer, den er mit Sicherheit noch immer fuhr. Mit dieser altmodischen Musik, die wir immer laut bei offenen Autofenstern gehört hatten.»You can get it if you really want« von Jimmy Cliff, der Song war genauso alt gewesen wie Toms Autos. Aber als Richterin schwelgt man natürlich nicht in kitschigen Erinnerungen. Schon gar nicht an den Angeklagten! Auch nicht, wenn das der eigene Exfreund ist. Angeklagten gegenüber sollten Richterinnen und Richter doch neutral sein! Es wird erwartet, dass wir für jeden und jede das Recht sauber und korrekt anwenden. Aber so ein Exfreund ist eben nicht jedermann! Und kann man seinen Exfreund wirklich verurteilen? Zu einer Freiheitsstrafe wegen gewerbsmäßigen Betrugs? Oder müsste man da nicht doch befangen sein?

Wütend trat Tom gegen den Reifen des alten Jaguars und zerknüllte den grauen Briefumschlag. Eine Anklage. Gewerbsmäßiger Betrug wurde ihm vorgeworfen. Er konnte es gar nicht fassen. Gewerbsmä-

Kapitel 4 – Der Befangenheitsantrag

Big! Dabei hatte er nur zwei Sätze der Felgen aufbereitet. Er warf die Zigarette zu Boden und trat sie fester aus, als es vielleicht nötig gewesen wäre. Er ging in der Garage auf und ab, fuhr sich durch das Haar und zündete sich dann eine zweite Zigarette an. Er hätte die Finger davon lassen sollen. Schon als der erste Kunde die Felgen reklamierte, hätte er das Ganze lassen sollen. Er hätte einfach die Felgen zurücknehmen und dem Mann den Kaufpreis erstatten sollen. Der Typ hatte recht gehabt. Tom hatte es zwar abgestritten, aber im Grunde hatte er seinen Kunden abgezogen. Ja, er hatte in seiner Kleinanzeige versucht möglichst schwammig zu formulieren. Aber im Grunde hatte es so ausgesehen, als ob er Originalfelgen von Porsche verkaufen würde. Wenn er wirklich ehrlich war, hatte es sogar so aussehen sollen. Genau das war der Grund für die Gewinnmarge gewesen.

Fuck. Er hatte nicht damit gerechnet, dass die Staatsanwaltschaft Anklage gegen ihn erheben würde. Zweimal hatte er von der Polizei Ladungen zur Vernehmung bekommen. Er hatte gewusst, dass sie gegen ihn ermittelten. Aber er hatte nicht kommen sehen, dass es so ernst werden würde. Vielleicht hatte er es auch nur nicht kommen sehen wollen. Jetzt würde er wohl einen Anwalt brauchen.

»Fuck«, fluchte Tom wieder und trat die zweite Zigarette auf dem Boden der Garage aus. Er dachte an das Geld, das der Anwalt kosten würde. Und an den Prozess. Und an seine Mutter, die so daran geglaubt hatte, dass er sein Leben jetzt doch endlich auf die Reihe bekommen würde. Er war 28, es wurde langsam Zeit, dass er auf eigenen Beinen stand. Er musste sein Studium beenden und endlich einen richtigen Job anfangen. Stattdessen brachte er jetzt auch noch einen Strafprozess mit nach Hause.

Tom las das Schreiben nochmal. Er hatte zwei Wochen Zeit sich zu äußern, dann würde ein Termin für eine Hauptverhandlung gegen ihn bestimmt werden. Aber es gab nichts zu sagen, nichts zu beschönigen, nichts mit dem er sich hätte herausreden können. Das, was man ihm vorwarf, das stimmte schon. Wie sollte er da nur wieder herauskommen, fragte sich Tom. Vorbestraft würde er doch nie im

Leben einen Job bekommen. Oder würde er dafür sogar ins Gefängnis gehen? Tom raufte sich die Haare, er wusste nicht, was er tun sollte. Dann, als er sich gerade die dritte Zigarette anzünden wollte, dachte er an eine Juristin, die er einmal gekannt hatte. Vielleicht würde sie ihm helfen können, wenn er ihr von seiner Misere erzählen würde. Vielleicht sollte er sie anrufen?

Tom konnte dabei nicht wissen, dass die Juristin, an die er gedacht hatte, sich schon längst selbst die Haare über der Anklage gegen ihn gerauft hatte. Normalerweise stellt sich die Frage der Befangenheit von Richterinnen und Richtern in der Praxis erst dann, wenn Staatsanwaltschaft oder Verteidigung einen sogenannten Befangenheitsantrag stellen. Damit wird dem Gericht offiziell vorgeworfen aus einem bestimmten Grund nicht mehr unparteilich entscheiden zu können. Über einen solchen Antrag wird dann förmlich durch einen anderen Richter oder eine andere Richterin entschieden, dann wird das Verfahren gegebenenfalls abgegeben.

Wenn eine Richterin oder ein Richter schon vorher selbst bemerkt, dass er oder sie befangen ist, dann muss er oder sie das Verfahren abgeben. Es wird eine amtliche Erklärung geschrieben, in der man begründet, warum man sich selbst für befangen hält. Dann geht das Verfahren auch an einen Kollegen oder eine Kollegin, der oder die die Verhandlung übernimmt.

Aber war ich befangen? Ist eine Richterin, die vor vielen Jahren einmal in den Angeklagten verliebt war, nicht mehr in der Lage unparteilich zu urteilen? Das Gesetz zählt in §§ 22 und 23 Strafprozessordnung ein paar Gründe auf, bei deren Vorliegen ein Richter in jedem Fall nicht mehr verhandeln darf. Ich erspare Ihnen die komplizierten Ausführungen zu Verschwägerungen im dritten Grad der Seitenlinie und mache es kurz: der Exfreund ist kein zwingender Ausschlussgrund.

Es bleibt die schwammige Formulierung, die ich Ihnen eingangs vorgestellt habe. Wenn ein Grund vorliegt, der geeignet ist, Misstrauen

Kapitel 4 – Der Befangenheitsantrag

gegen die Unparteilichkeit des Richters zu rechtfertigen, dann muss das Verfahren abgegeben werden. Was das konkret heißt, ist auslegungsbedürftig.

In der Praxis hilft hier die Recherche in juristischer Fachliteratur und in den Entscheidungen des Bundesgerichtshofes. Aber wissen Sie was? Sie können die juristischen Datenbanken und die obergerichtlichen Archive hoch und runter suchen, Sie werden nichts finden. Nichts! Rein gar nichts. Es scheint, als sei das Problem, als Richterin die Exfreundin des Angeklagten zu sein, noch nie debattiert oder entschieden worden. Und es fragt sich natürlich: Warum nicht? Ist es etwa noch nie vorgekommen? Sollte ich tatsächlich die erste Richterin der deutschen Strafrechtsgeschichte sein, die eine Jugendliebe auf der Anklagebank vorfindet? Oder hat es nur einfach noch nie jemand zugegeben? Und wie ist damit rein rechtlich nun umzugehen? Die juristische Fachliteratur ist wenig hilfreich.

Die persönliche Beziehung eines Richters zu einem Angeklagten könne eine Ablehnung natürlich rechtfertigen, sagten schlaue Kommentare. Das half mir aber wenig, denn Tom und ich pflegten zum Zeitpunkt der Anklage ja keine persönliche Beziehung mehr. Das war alles Jahre her. Und so richtig definiert und betitelt hatten wir unsere Beziehung eigentlich auch nicht. Wer hat heute schließlich noch den Mut, vorschnell nach einem Beziehungsstatus zu fragen? Wie aber soll man nun als Richterin eine Beziehung rechtlich korrekt einordnen, die man vor Jahren noch nicht einmal tatsächlich hätte einordnen können? Ich sage Ihnen, wenn Sie Beziehungen zwischen Männern und Frauen bis heute für kompliziert gehalten haben, dann haben Sie noch nie in der Rolle der Juristin darüber nachgedacht! Und wenn Sie darüber nachdenken sollten, je Richterin zu werden, lassen Sie sich den Beziehungsstatus Ihrer Dates vielleicht lieber schriftlich geben. Dann wissen Sie wenigstens, worauf Sie sich im Fall der Fälle stützen können!

Nachdem ich unzählige Fachliteratur zur Befangenheit von Richterinnen und Richtern studiert hatte, kam ich zu dem Ergebnis, das mein Fall zumindest rein rechtlich nicht grundsätzlich zu einer Unparteilichkeit führen müsste. Wenn ich ehrlich bin, werde ich darüber bis heute noch nicht fertig. Denn natürlich sagte mir mein Gefühl etwas ganz anderes als das Gesetz.

Auch wenn ich von Gesetzes wegen wohl nicht zwingend als befangen zu bewerten gewesen wäre, fühlte ich mich alles andere als neutral. Und was passiert nun, wenn das Gesetz und das Gefühl miteinander in Konflikt geraten? Was soll denn dann das Richtige sein?

Ich habe die Lösung für meine Misere letztlich einmal mehr gemeinsam mit Herrn Kauf gefunden. Denn Herr Kauf hatte mir einen kleinen Kniff für Fälle gezeigt, in denen man sich nicht sicher ist, ob man wirklich befangen ist. Er hatte mich darauf hingewiesen, dass Rechtsmittel oder eine Überprüfung des Befangenheitsgrundes durch einen anderen Richter gesetzlich nur für den Fall vorgesehen sind, dass ein Richter sich entgegen einem Befangenheitsantrags der Parteien für nicht befangen hält. Ich hingegen wollte meine Befangenheit aber gerade nicht wegdiskutieren, sondern zugeben. Ich fühlte mich befangen und wollte deshalb eben nicht über Toms Anklage entscheiden. Wenn ich kein Rechtsmittel befürchten müsse, müsse ich auch nicht ellenlang begründen, hatte Herr Kauf gemeint und verschmitzt gelächelt. Es würde also wohl ausreichen, wenn ich drei knappe Sätze dazu schreiben würde, dass Tom mir aufgrund persönlicher Verhältnisse privat näher bekannt sei und ich deshalb befürchte, dass der Eindruck entstehen könne, ich würde nicht unparteilich entscheiden können. Zu gescheiterten Beziehungen und nächtlichen Dates auf Golfplätzen müsste ich dann nichts weiter ausführen. Und schließlich bot Herr Kauf an, das Verfahren nach meiner Erklärung zu übernehmen. Dann käme ich erst gar nicht in die Verlegenheit, unangenehme Fragen anderer Kollegen beantworten zu müssen. Damit war ich – Buddha Kauf sei Dank – mehr oder weniger gerettet und hatte heute ein letztes Mal Toms Akte in der Hand gehabt – um das Verfahren nach der Übernahme durch Herrn Kauf endgültig abzugeben. Trotzdem können Sie sich sicher vorstellen, dass mich Toms Anklage einige Nerven gekostet hatte.

Meinen für Weihnachten gedachten Rotwein samt Schokolade hat sie jedenfalls gerechtfertigt.

Tom hat sich nicht dazu entschieden mich anzurufen. Er hat stattdessen einen Verteidiger kontaktiert und sich schon vor der Hauptverhandlung geständig zur Sache eingelassen. Das konnte ich noch nicht wissen, als ich mit meinem Glas Rotwein auf der Couch saß. Auch dass Toms Strafe zur Bewährung ausgesetzt worden ist, erfuhr ich erst später. Herr Kauf hatte ihn wohl auch als eher harmlos eingeschätzt. Er musste den Kaufpreis für die gefälschten Felgen zurückzahlen und zusätzlich gemeinnützige Arbeitsstunden ableisten. Weil er sich nicht noch einmal strafbar gemacht hat, musste er nie in der JVA einsitzen. Sein drittes Studium hat er schließlich abgeschlossen. Das hat mir zumindest eine gemeinsame Bekannte erzählt. Ob er je erfahren hat, dass sein Strafverfahren wegen der gefälschten Felgen ausgerechnet auf meinem Schreibtisch gelandet ist, kann ich nicht sagen. Aber vielleicht werde ich es ihm eines Tages erzählen. Falls wir uns zufällig noch einmal begegnen sollten.

Kapitel 5
Die Strafaussetzung zur Bewährung

§ 56 Strafgesetzbuch

(1) Bei der Verurteilung zu einer Freiheitsstrafe von nicht mehr als einem Jahr setzt das Gericht die Vollstreckung der Strafe zur Bewährung aus, wenn zu erwarten ist, dass der Verurteilte sich schon die Verurteilung zur Warnung dienen lassen und künftig auch ohne Einwirkung des Strafvollzugs keine Straftaten mehr begehen wird. Dabei sind namentlich die Persönlichkeit des Verurteilten, sein Vorleben, die Umstände seiner Tat, sein Verhalten nach der Tat, seine Lebensverhältnisse und die Wirkungen zu berücksichtigen, die von der Aussetzung für ihn zu erwarten sind.

(...)

Nervös trommelte ich mit den Fingernägeln auf dem Richtertisch. Das dunkle Holz war glatt versiegelt und klackte leise unter jedem meiner Finger. Ich mochte das Mobiliar in »meinem« Sitzungssaal. Es war klassisch und zeitlos. Man könnte auch sagen, es wäre altmodisch, aber das wäre dem Charme nicht gerecht geworden, fand ich. Jeden Dienstag und jeden Freitag hatte ich sogenannte Saaltage und ich war froh, dass mir dieser alte kleine Saal zugeteilt worden war und keiner der eher sterilen neu renovierten Räume im anderen Flügel des Gebäudes. Heute aber hatte ich keinen Blick für meinen hübschen alten Verhandlungssaal. Gebannt starrte ich zur Tür und trommelte weiter leise mit den Fingern auf dem Tisch. Meine Protokollantin räusperte sich, offenbar war ihr das Geräusch unangenehm. Ich zwang mich die Hände ruhig in den Schoß zu legen. Warten war nicht gerade meine Stärke. Wie Sie sich vorstellen können, wartete ich auf einen Angeklagten. Das allein hätte mich mittlerweile aber sicher nicht mehr so in Unruhe versetzt. Auf verspätete oder gar nicht erscheinende Angeklagte wartete ich regelmäßig. Diese Situation aber war anders. Denn ich wartete auf eine Angeklagte, die schon zur Verhandlung gekommen war. Gemeinsam mit dem Staatsanwalt und ihrer Verteidigerin hatten wir die Sitzung begonnen. Es hatte die übliche Vorstellungsrunde gegeben, die Anklage war verlesen worden, die Angeklagte hatte gerade die Gelegenheit bekommen sich zu den Taten zu äußern, die ihr vorgeworfen wurden, da war sie plötzlich aufgesprungen und aus dem Saal gehastet. Ihre Anwältin beantragte eine kurze Unterbrechung und teilte dann mit, dass es ihrer Mandantin gerade nicht gut gehen würde. Seitdem wartete ich gemeinsam mit dem Staatsanwalt und der Protokollantin auf weitere Informationen. Was war da passiert? Musste die Angeklagte nur auf die Toilette? Aber warum war sie dann so hektisch aufgesprungen? Hatte sie Entzugserscheinungen? Das war bei Angeklagten, die Betäubungsmittel konsumierten nicht ungewöhnlich. Oder wollte sie flüchten? Auch das wäre grundsätzlich möglich. Denn definitiv würde es in der heutigen Verhandlung um eine Freiheitsstrafe gehen. Eine Freiheitsstrafe, die zumindest nach Aktenlage nicht noch einmal zur Bewährung ausgesetzt werden konnte.

Bewährung oder nicht Bewährung – das war eine Frage, die sich für mich, seit ich Richterin geworden war, mehrmals wöchentlich stellte. Die Bewährung – die vorläufige Aussetzung der Vollstreckung einer Strafe – kommt nur bei Freiheitsstrafen von bis zu zwei Jahren in Betracht, § 56 Abs. 2 Strafprozessordnung. Solche geringeren Freiheitsstrafen waren nun am Amtsgericht mein Tagesgeschäft. Deshalb stand die Entscheidung über die Frage der Bewährung jetzt ständig auf meiner To-do-Liste. Oft war sie für die Angeklagten und ihre Verteidiger wichtiger als die Höhe der eigentlichen Strafe. Bewährung bedeutet, dass eine Strafe nicht sofort vollstreckt wird. Sie wird zur Bewährung ausgesetzt. Der Täter bekommt also eine Art Gnadenfrist. Eine Freiheitsstrafe muss nicht gleich in der JVA abgesessen werden. Eine Geldstrafe muss nicht sofort gezahlt werden. Nur wenn der Verurteilte sich während der Bewährungszeit noch einmal strafbar macht oder er seine Auflagen nicht erfüllt, dann muss er die Strafe eben doch absitzen. Weil er es vermasselt und sich gerade nicht »bewährt« hat. Die Beantwortung der Frage, ob es jemand potenziell wohl eher vermasseln wird oder nicht, gehörte jetzt also zu meinem Job. Diese Hellseherei war aber nicht unbedingt meine Lieblingsaufgabe. Denn natürlich möchte ich demjenigen eine Chance geben sich zu bewähren, der dadurch vielleicht wieder in ein geregeltes Leben zurückfindet und sich nicht mehr strafbar macht. Andererseits liegt es aber auch in meiner Verantwortung, wenn sich derjenige wider Erwarten doch wieder strafbar macht und dabei andere schädigt. Natürlich begeht immer allein der Täter die Tat, ich suche die Schuld nicht bei mir. Aber ich würde mich wohl doch unwillkürlich fragen, ob ich sie etwa hätte verhindern können. Weil ich nun einmal leider nicht hellsehen kann, bleibt mir deshalb nur eine sehr sorgsame Abwägung zu der Frage, wen ich sofort und unwiderruflich ins Gefängnis schicken möchte und wen nicht. Die Angeklagte des heutigen Tages würde ich wohl nicht noch einmal mit einer Bewährung nach Hause entlassen können, da war ich mir zumindest zu diesem Zeitpunkt ziemlich sicher.

Magdalena Nelke stand in der Besuchertoilette des Amtsgerichts und hielt sich mit beiden Händen am Waschbecken fest. Sie atmete tief ein und aus und versuchte ihren rebellierenden Körper wieder zu beruhigen. Mehrere Minuten hatte sie kaltes Wasser über die Innenseiten ihrer Unterarme laufen lassen, um ihren Kreislauf zu stabilisieren. Eins, zwei, drei… Eins, zwei, drei… zählte sie die Sekunden ihrer Atemzüge, um nicht zu hyperventilieren. Eins, zwei, drei… langsam fühlte sie sich ein wenig besser. Sie öffnete den Wasserhahn und nahm einen Schluck, um den sauren Geschmack von Erbrochenem aus ihrem Mund zu spülen. Dann tränkte sie ein Papiertuch in Wasser und wischte sich damit den Rest des kalten Schweißes aus dem Gesicht. Einen Moment ließ sie das kalte Tuch auf ihrer Stirn verweilen und schloss die Augen. Dann nahm sie ein weiteres Papiertuch und tupfte ihr Gesicht wieder trocken. Sie öffnete ihre Handtasche und suchte nach dem Tiegel mit getönter Feuchtigkeitscreme, den sie heute Morgen extra eingesteckt hatte. Sie war nicht geübt darin, sich zu schminken, aber so konnte sie unmöglich zurück in den Gerichtssaal gehen. Sie betrachtete ihr schmales, bleiches Gesicht im Spiegel und tupfte etwas von der hellbraunen Creme auf die tiefen Schatten unter ihren Augen. Dann verstrich sie den Rest der Creme schnell über ihr ganzes Gesicht. Nicht schön, aber etwas besser, dachte sie sich. Sie richtete gerade die rosafarbene Bluse, die ihr trotz des schmalen Schnitts locker um ihre Schultern hing, als es an der Tür klopfte.

»Lena?«, hörte sie ihre Mutter rufen, »bist du noch da drin?«

Magdalena straffte die Schultern und hob angestrengt die Mundwinkel. »Ja Mama, ich komme gleich!«, antwortete sie durch die geschlossene Tür. Es wurde Zeit, sie musste sich zusammenreißen, sie musste zurück in den Gerichtssaal. Wenn sie die Unterbrechung überzog, die ihre Anwältin beantragt hatte, würde das keinen guten Eindruck machen. Sie öffnete die Tür der Toilette, vor der ihre Mutter noch immer auf sie wartete.

»Die Richterin hat schon nach dir gefragt«, sagte sie und schaute ihre Tochter mitfühlend an, »geht es, Kleines? Schaffst du es?«

Magdalena nickte und versuchte zu lächeln. »Ja Mama, mir war nur kurz übel. Aber es geht wieder. Wir können wieder reingehen.«

Wenig später öffnete sich die Saaltür.

»Die Verhandlung kann fortgesetzt werden«, sagte die Verteidigerin, als sie vor ihrer Mandantin und deren Mutter wieder zu der Stuhlreihe an der Fensterfront auf der rechten Seite des Raumes ging. »Meine Mandantin fühlte sich kurz unwohl, ich bitte um Entschuldigung.« Ich nickte und wandte mich an meine Protokollantin. »Dann bitte zu Protokoll: Die Verhandlung wird fortgesetzt.« Alle hatten ihre Plätze wieder eingenommen.

»Frau Nelke«, sprach ich die junge Frau an, die nun nahezu ausdruckslos nach vorn blickte, »Sie haben gehört, was die Staatsanwaltschaft Ihnen in der Anklage zur Last legt. Sie haben nun die Möglichkeit, sich zu den Vorwürfen zu äußern. Ich möchte Sie belehren, dass alles, was Sie dazu sagen, im Urteil gegen Sie verwendet werden kann. Sie haben deshalb auch das Recht, sich nicht zu äußern. Wie möchten Sie es halten?«

Die junge Frau sah auf, dann sah sie zu ihrer Anwältin. »Könnten Sie...?«, fragte sie mit hoher Stimme.

»Natürlich«, antwortete ihre Verteidigerin. Dann wandte sie sich mir zu.

»Ich werde eine Einlassung für meine Mandantin abgeben.«

Ich lehnte mich in meinem Stuhl ein wenig zurück und griff schon einmal nach dem Bleistift, der während meiner Verhandlungen immer für Notizen bereitlag. Eine Einlassung war gut. Eine Einlassung ist eine Erklärung des Angeklagten zur Tat und zu ihren Hintergründen. Sie konnte die Beweggründe von Täterinnen und Tätern erklären und war damit nahezu die Grundvoraussetzung dafür, dass ich als Richterin eine Strafaussetzung begründen konnte. Weil die Entscheidung über die Bewährung – egal wie sie ausfiel – auch der Hauptgrund für Rechtsmittel gegen meine Urteile war, galt es jetzt genau zuzuhören.

Aus der Akte hatte ich zuvor so einiges über Magdalena Nelke gelesen. Magdalena war 22 Jahre alt. Sie war ledig, kinderlos und hatte ursprünglich ein Biologiestudium begonnen. Magdalena war als einzige Tochter in einem bürgerlichen Elternhaus in einer Großstadt aufgewachsen. Heute musste Magdalena sich als Angeklagte wegen

Ladendiebstahls vor Gericht verantworten. Es war nicht das erste Mal, dass die junge Frau sich auf der Anklagebank wiederfand. Denn sie war satte 17-mal vorbestraft worden. Sie haben richtig gelesen: 17 (!) Vorverurteilungen. Das ist eine ganze Menge, vor allem, wenn man erst 22 Jahre alt ist. Die Urteile gegen Magdalena waren auch alle einschlägig, das bedeutet, sie entsprachen alle der Deliktsgruppe, wegen derer sie sich auch dieses Mal vor Gericht verantworten muss. Ein einziger Blick in Magdalenas Bundeszentralregisterauszug machte deutlich: Sie stahl systematisch seit ihrem 17. Lebensjahr. Und dabei muss man sich vor Augen halten, dass nicht jede Tat, die zur Anzeige gelangt, überhaupt vor Gericht endet. Viele Verfahren, gerade im Bereich der Bagatell-Delikte – zu denen ein Ladendiebstahl bei geringem Wert schnell zählen kann – werden schon durch die Staatsanwaltschaft eingestellt. Außerdem werden nicht alle Taten zur Anzeige gebracht. Zum einen, weil nicht alle Opfer von Straftaten eine Anzeige erstatten möchten, zum anderen aber auch, weil Straftäterinnen und Straftäter nicht immer erwischt werden. Gerade im Bereich des Ladendiebstahls kann ein Täter auch mal samt Beute davonkommen. Es ist also nicht davon auszugehen, dass Magdalena nur 17 Ladendiebstähle begangen hatte. Im Gegenteil: manche der in der Vergangenheit gegen sie gesprochenen Urteile enthielten zehn und mehr Taten. Von den Taten, bei denen sie nicht erwischt worden war, ganz zu schweigen. Grob überschlagen dürfte Magdalena deutlich über einhundert Diebstähle auf ihrer Agenda haben. Sie konnte damit gut und gern als langjährige Serientäterin bezeichnet werden. Die junge Frau hatte bereits ein umfangreiches Programm an Strafen bekommen. Als Jugendliche und Heranwachsende war sie ermahnt und zu gemeinnütziger Arbeit herangezogen worden. Die ersten Verfahren gegen Magdalena als Erwachsene hatte man gegen Ableistung von Arbeitsstunden oder Geldauflagen eingestellt. Danach hatte es eine Reihe von Geldstrafen gegeben. Geldstrafen, die Magdalena entweder gezahlt oder abgearbeitet hatte. Nachdem auch die Geldstrafen keine Früchte trugen, konnte Magdalena den Freiheitsstrafen nicht mehr entgehen. Es waren

Kapitel 5 – Die Strafaussetzung zur Bewährung

kurze Freiheitsstrafen gewesen. Denn Magdalena hatte zwar häufig gestohlen, aber nie wertvolle Dinge erbeutet. Ihre Anklagen lasen sich eher wie die Einkaufsliste eines Wochenendeinkaufs einer Studenten-WG: Toastbrot, Pizza, Käse, Cornflakes, Marmorkuchen, Hotdog-Brötchen, Würstchen, Ketchup. Das gab für jede Tat am Ende vielleicht einen Monat Freiheitsstrafe. Wieder und wieder wurden Gesamtstrafen gebildet, Strafen in komplizierten Berechnungen einbezogen, zwischendurch weitere Verfahren aufgrund bereits bestehender Urteile eingestellt.

Die Freiheitsstrafen, zu denen Magdalena in den letzten zwei Jahren verurteilt worden war, wurden zur Bewährung ausgesetzt. Trotz laufender Bewährungen machte Magdalena sich wieder strafbar. Sie blieb Serientäterin. Eine Tat datierte sogar unmittelbar auf den Tag einer Verurteilung. Das heißt, sie musste unmittelbar nach einer Verurteilung in einen Supermarkt gegangen sein und gestohlen haben. Magdalena hatte im Zuge ihrer Bewährungsbeschlüsse auch eine ganze Menge Bewährungsauflagen angeordnet bekommen. Aber auch die hatten offenbar nicht geholfen. Als 17-fach vorbestrafte Stratäterin, die sich zudem unter drei laufenden Bewährungen befand, saß sie nun vor mir. Drei weitere Fälle des Ladendiebstahls lagen ihr zur Last. Und doch waren Magdalena und ihre Verteidigerin der Auffassung, dass Magdalena nicht ins Gefängnis gehören würde.

Magdalena lauschte der Stimme ihrer Anwältin, die ihren traurigen Lebenslauf noch einmal zu Protokoll gab. Unter dem Tisch knetete sie ihre Hände. Sie schwitzte schon wieder und versuchte, die wieder aufsteigende Übelkeit zu unterdrücken. Sie musste sich jetzt zusammenreißen. Aber es sah nicht gut aus für sie, das war ihr klar. Angespannt sah Magdalena dabei zu, wie ihre Verteidigerin dem Gericht die nächsten Unterlagen präsentierte. Ein Schreiben nach dem anderen las die Anwältin vor und reichte es dann auf den Richtertisch. Magdalena kannte das Prozedere bei Gericht; sie war schon oft hier gewesen. Auch ihre Anwältin kannte sie gut. Die engagierte

Kapitel 5 – Die Strafaussetzung zur Bewährung

Juristin in den Vierzigern begleitete sie schon seit vielen Jahren bei ihren Prozessen und hatte es bislang jedes Mal geschafft, das Gericht zu überzeugen, dass Magdalena nicht ins Gefängnis gehörte. Trotzdem war ihr heute bei ihrer Einlassung so übel geworden, dass sie um eine Verhandlungspause hatte bitten müssen. Magdalena hatte schon viele Richterinnen und Richter gesehen – Frauen und Männer, junge und alte, nette und strenge. Sie konnte sich gar nicht mehr an alle erinnern, so viele Verhandlungen hatte sie schon hinter sich. Irgendwann würde das Maß voll sein. Irgendwann würde es keine Bewährung mehr für sie geben, das hatte man ihr schon mehrfach gesagt. Und Magdalena wusste das. Sie war oft genug bei Gericht gewesen, um die Rechtslage zu kennen. Sie wusste, dass die Aussetzung einer Freiheitsstrafe zur Bewährung eine positive Sozialprognose voraussetzte. Das Gericht musste die Umstände ihrer Taten, aber auch ihre Person und ihre Lebensumstände würdigen und irgendwie zu dem Schluss gelangen, dass die bloße Androhung der Strafe genügen könnte, um sie von weiteren Strafen abzuhalten. So, wie es ihre Verteidigerin gerade wieder versuchte darzulegen. Aber Magdalena wurde das Gefühl nicht los, dass der Anwältin das heute nicht gelingen würde. Es wäre verständlich, dachte sie sich. Dreimal hatte sie nun schon eine Bewährungsstrafe bekommen. Und doch war sie wieder rückfällig geworden. Genau wie all die Male zuvor. Irgendwann könnte einfach niemand mehr glauben, dass sie aufhören würde zu stehlen. Dass es die Möglichkeit eines straffreien Lebens für sie geben könnte. Und dann würde ihre Strafe vollstreckt werden. Sie würde sie im Gefängnis verbüßen müssen. Sie schauderte bei dem Gedanken daran. Unauffällig grub sie die Fingernägel in ihre eigenen Unterarme, bis es schmerzte. Würde es heute so weit sein? Würde sie heute zu einer Freiheitsstrafe ohne Bewährung verurteilt werden? Zu einer richtigen Gefängnisstrafe? Sie atmete tief ein und versuchte sich wieder auf die Worte ihrer Anwältin zu konzentrieren.

Kapitel 5 – Die Strafaussetzung zur Bewährung

Der Grund, warum Magdalena und ihre Verteidigerin trotz satten 17 Vorstrafen noch einmal auf eine Bewährungsstrafe hofften, war der Hintergrund von Magdalenas Straftaten. Denn Magdalena stahl nicht grundlos. Entgegen meiner ersten Vermutung war die junge Frau auch nicht betäubungsmittelabhängig. Magdalena Nelke war psychisch krank. Sie litt an einer emotional instabilen Persönlichkeitsstörung, die mit heftigen Stimmungsschwankungen und selbstverletzendem Verhalten einherging. Magdalena hatte bereits als Teenager unter starken Depressionen gelitten, schilderte ihre Anwältin in der Verhandlung. Sie hatte schon in der Schule angefangen sich zu ritzen. Damals war dieses Phänomen noch so wenig bekannt gewesen, dass Magdalenas Eltern ihr Verhalten nicht ernst genommen und für eine vorübergehende Phase gehalten hatten. Aber dann hatten sowohl sie als auch Magdalena die Kontrolle darüber verloren. Im Zuge ihrer psychischen Erkrankung hatte Magdalena oft das Gefühl, gänzlich die Kontrolle über sich und ihr Leben zu verlieren. Sie meinte dann ihren Körper, ja gar sich selbst, einfach nicht mehr spüren zu können. Sie hatte das Gefühl, sie würde sich einfach auflösen. Sie konnte nichts dagegen tun, nicht darüber sprechen. Sie wusste nicht, wohin mit ihren Emotionen und mit der gleichzeitigen Leere, die sie fühlte. Um aus dem Strudel der Ohnmacht und Hilflosigkeit zu entkommen und ein Gefühl der Kontrolle zurückzuerlangen, verletzte sie sich selbst. Wenn sie mit einer Rasierklinge oder mit einem Messer in ihre Unterarme oder ihre Knöchel schnitt und das Blut fließen sah, spürte sie zumindest wieder irgendetwas. Es mag schwer nachvollziehbar sein, aber Magdalena empfand den Schmerz, die Schädigung ihres eigenen Körpers als heilsam, als beruhigend, ja fast als angenehm. Und gleichzeitig als ihre einzige Möglichkeit, mit ihrem Inneren umzugehen. Die sich bildenden Narben auf den Armen und Beinen des Mädchens waren kein Ruf nach Aufmerksamkeit und Beachtung. Sie waren Symptom einer Erkrankung, mit der das Mädchen nicht anders umzugehen wusste. Leider war das damals weder ihr noch ihrer Familie oder ihren Lehrern bewusst. Ihr Umfeld ging davon aus, Magdalena wolle nur Aufmerksamkeit generieren und sich von anderen abheben. Als Magdalena etwa 15 war, entwickelte sie zusätzlich eine Essstörung. Sie hatte in der Pubertät Kurven bekommen. Sie war nicht dick geworden, aber an ihren Hüften und ihren Brüsten war zu erkennen, dass sie sich zu einer Frau entwickelte. Magdalena überforderte die Veränderung ihres Körpers. Für sie war diese Entwicklung ein weiterer Kontrollverlust, den sie vermeiden wollte. Dieses Gefühl wurde von wohl gemeinten aber gänzlich unangebrachten Ratschlägen aus ihrem Umfeld bestärkt. »Sie sei aber wirklich zur Frau geworden«, hatten sie gesagt. »Sie solle aufpassen, dass sie nicht dick werde«, hatte man ihr geraten. »Für ein Mädchen in ihrem Alter hätte sie aber ganz schön starke Oberschenkel«. Und so begann Magdalena die Kontrolle über ihren Körper zurückzuerlangen, indem sie hungerte. Sie entwickelte zunächst eine Magersucht. Sie aß immer weniger und legte lange »Fasten-Intervalle« ein. Sie kontrollierte akribisch ihr Gewicht und vermaß ihren Körperumfang. Wenn sie die Knie zusammendrückte, durften ihre Oberschenkel sich nicht berühren. Ihre Eltern bemerkten ihre Veränderung, versuchten mit ihr zu sprechen. Aber Magdalena konnte nicht in Worte fassen, was sie tat und warum. Sie schottete sich ab. In Internet-Foren tauschte sie sich mit anderen Magersüchtigen aus. Man unterhielt sich über Gewichtsziele und Maßnahmen, um sie zu erreichen. Eine dieser Maßnahmen war das gezielte Erbrechen. Und so entwickelte Magdalena eine Bulimie. Weil Magdalena psychisch bereits vorbelastet war, aber auch, weil sie nicht zum richtigen Zeitpunkt Hilfe und Reflexion erfuhr, entwickelte sie eine Abhängigkeit, eine sogenannte Ess-Brech-Sucht. Bei kleinsten Trigger- oder Stressfaktoren flüchtete sie sich in Berge voller Nahrungsmittel und im Anschluss auf eine Toilette.

Als ihre Eltern sie endlich so weit gebracht hatten, dass sie sich einer professionellen psychologischen Behandlung unterzog, war es schon zu spät. Eine ambulante und zwei stationäre Therapie-Versuche scheiterten. Magdalena war jedes Mal in der Lage ihr Leben und ihre Essgewohnheiten kurzfristig umzustellen. Doch sie verfiel immer wieder in alte Muster. Ihr Abitur hatte Magdalena schon vor der ersten Therapie und ihrer Erkrankung zum Trotz ablegen können. Sie hatte sogar ein Studium begonnen. Doch die Erkrankung hatte sie zurückgeworfen. Nicht nur, dass sie wegen der Therapie-Versuche immer wieder längere Zeit gefehlt hatte. Auch in den Phasen, in denen sie zu Hause war, war sie wegen der Depression und der Ess-Brech-Sucht einfach nicht belastbar gewesen. Magdalena hatte keine Freunde. Sie hatte ständig das Gefühl, die Leute würden sie für unnormal halten. Deshalb war sie lieber allein. Den Kontakt zu ihren Eltern hatte sie mehrfach abgebrochen. Aber ihre Eltern hatten sich nicht abweisen lassen. Sie hatten den Ernst der Lage begriffen und versuchten immer wieder ihrer Tochter zu helfen. Solange Magdalena zu Hause wohnte, versuchten sie, ihr dabei zu helfen, ihr Leben zu kontrollieren. Sie begrenzten ihren Zugang zu Lebensmitteln und Geld, um Fressattacken zu vermeiden. Und so kam Magdalena zu ihren ersten Verurteilungen wegen Ladendiebstahls. Wenn sie sich getriggert fühlte, hatte sie ein so starkes Bedürfnis nach Nahrung, dass sie einfach in den nächsten Supermarkt lief und zusammenklaubte, was sich eben gut, weich und leicht schlucken und möglichst schmerzfrei wieder erbrechen ließ. Toast, Hotdog-Brötchen, Marmorkuchen – Sie erinnern sich an ihre »Einkaufsliste«.

Nach ihren ersten Verurteilungen und den gescheiterten Therapie-Versuchen zog Magdalena in eine Wohngruppe, die ihr mehr Stabilität verschaffen sollte. Doch nach einer kurzzeitigen Besserung folgten Rückfälle. Schließlich stahl sie ihre Lebensmittel auch nicht mehr nur aus der Not heraus, sondern auch aus Scham. Die ungesunden Lebensmittel für ihre Attacken wollte sie im Supermarkt gar nicht erst auf das Kassenband legen. Sie stopfte sie lieber heimlich in ihren Rucksack und hoffte, dass sie niemand dabei sah.

Magdalenas Geschichte, der Hintergrund ihrer Taten, war der Grund, warum sie bislang noch nicht inhaftiert worden war. Der Auszug

ihres Bundeszentralregisters zeigte, dass die Richterinnen und Richter vor mir bereits versucht hatten, mit allen erdenklichen Mitteln auf sie einzuwirken. Ermahnungen, Geldstrafen, Auflagen. Alles war fruchtlos geblieben. Drei Mal schon waren Freiheitsstrafen zur Bewährung ausgesetzt worden. Und doch hatte Magdalena wieder gestohlen. Sie war auch schon psychiatrisch begutachtet worden. Trotz ihrer Erkrankung war sie schuldfähig, hatte der Sachverständige festgestellt. Ein Absehen von Strafe nach § 20 Strafgesetzbuch kam also nicht in Betracht – weder bei den vergangenen Verfahren noch bei der jetzt vorliegenden Anklage. Magdalena würde verurteilt werden. Drei Fälle des Diebstahls, des Ladendiebstahls natürlich, sollte ich bestrafen. Aber wie?
Sollte ich eine kranke Frau in die JVA schicken? Würde das nicht alles noch schlimmer machen? Oder könnte ich eine Strafe nochmals zur Bewährung aussetzen? Unter Berücksichtigung des Hintergrunds ihrer Taten hielt ich das menschlich für die einzig richtige Lösung. Aber wie sollte das rechtlich funktionieren? § 56 Strafgesetzbuch ermöglicht die Strafaussetzung zur Bewährung bei Freiheitsstrafen von bis zu zwei Jahren. Aber eine Strafaussetzung zur Bewährung setzt eine positive Prognose voraus. Ich benötige Umstände, Anhaltspunkte, Argumente, die darauf schließen lassen, dass schon die Androhung der Strafe genügt, um den Täter von weiteren Taten abzuhalten. Ich muss den Täter, sein Verhalten, seine Lebensumstände berücksichtigen und abwägen.
Aber wenn ich all das in Magdalenas Waagschale warf, sah das eher grau als rosig aus. Wie sollte ich einer so oft vorbestraften Täterin, die bereits unter drei laufenden Bewährungen stand, eine positive Prognose ausstellen? Warum sollte es diesmal funktionieren? Kein einziges Urteil in der Vergangenheit hatte sie vom Stehlen abhalten können. Und was sollte sich geändert haben? Der Entschluss zum vierten Versuch der Therapie? Das war herzlich wenig. Blass und unglaublich dünn saß Magdalena in der Verhandlung. Eine rosafarbene Bluse versuchte ihre hervorstehenden Schulterknochen zu kaschieren. Ihre Hände, ihre Unterarme schienen nur noch aus

Knochen und Sehnen zu bestehen. Ihr Gesicht war eingefallen, die Haut fahl. Wenn sie sprach, hielt sie stets eine Hand vor den Mund. Ich denke, sie wollte verbergen, was der regelmäßige Kontakt mit der im Erbrochenen enthaltenen Magensäure mit ihren Zähnen gemacht hatte. Es war trotzdem nicht zu übersehen. Magdalenas Verteidigerin sicherte zu, dass Magdalena nochmal eine Therapie versuchen würde. Sie hatte bereits Unterlagen und Nachweise über ihre Aufnahme in einer Einrichtung mitgebracht. Magdalena selbst versprach die Therapie anzutreten und dieses Mal auch durchzuhalten. *Aber selbst, wenn Magdalena sich wirklich nochmal behandeln ließ, woher sollte ich denn die Prognose nehmen, dass diese Therapie dauerhaft Erfolg versprechen würde? Was war denn jetzt anders als zum Zeitpunkt ihrer letzten und vorletzten Tat? Und all der Taten davor? Das Recht schien eindeutig. Bei realistischer Betrachtung kam eine Aussetzung der Strafe zur Bewährung nicht in Betracht. Und doch fühlte es sich nicht richtig an, die junge Frau zu inhaftieren.*

Als die Beweisaufnahme beendet und die Schlussworte gesprochen waren, zog ich mich kurz in mein Büro zurück. Ich konnte hier kein Stuhlurteil fällen, ich musste zumindest kurz noch einmal abwägen, was das Richtige war. Der Staatsanwalt hatte eine kurze Freiheitsstrafe ohne Bewährung beantragt. Das war rechtlich absolut nachvollziehbar. Und doch schien mir diese so logische Rechtsfolge falsch zu sein.

Als Richterin sollte man wohl konsequent genug sein, um das Recht durchzusetzen, vor allem dann, wenn es scheinbar offensichtlich im Gesetz erkennbar ist. Aber was geschieht, wenn die moralischen Bedenken die Entscheidung nach Gesetzeslage einfach nicht als richtig erscheinen lassen? Verstehe ich mich selbst als Richterin als bloße Anwenderin des Gesetzes, als Handwerkerin, die dogmatisch sauber subsumiert und die geltenden Normen anwendet? Kann ich, nur weil ich Juristin bin, aufhören menschlich zu denken? Oder muss ich mich bei aller Gesetzestreue nicht auch menschlich in meinen

Entscheidungen wiederfinden können? Ist genau das vielleicht das Korrektiv des Gesetzes, der Grund, warum Menschen und nicht Maschinen über die Freiheit anderer Menschen entscheiden? Nach einiger Überlegung entschied ich mich für einen anderen Weg. Eine Bewährung konnte ich rechtlich sauber nicht begründen. Aber in die JVA konnte ich Magdalena auch nicht schicken. Das war einfach falsch. Deshalb löste ich mein Problem an anderer Stelle. Denn vor der Frage der Bewährung stellt sich ja schon die Frage der Strafe überhaupt. Die Strafe und ihre Vollstreckung sind nämlich zwei Paar Schuhe. Als Richterin muss ich erst im Rahmen der sogenannten Strafzumessung entscheiden, welche Strafe ich für angemessen halte. Den Strafrahmen gibt mir dabei die Norm vor, die die konkrete Tat unter Strafe stellt. Hier war das der § 242 Strafgesetzbuch für den Diebstahl. Die Frage der Bewährung stellt sich erst danach, denn sie betrifft nicht die Strafe selbst, sondern lediglich ihre Vollstreckung.

Und während ich in meinem Büro über einem Kaffee und Magdalenas Akte grübelte, kam mir der Gedanke, dass meine Bauchschmerzen vielleicht gar nicht von der Frage der Bewährung herrührten. Sondern schon von der Frage der angemessenen Strafe selbst. Wenn ich diese Frau nicht in der JVA sehen wollte, musste ich dann überhaupt eine Freiheitsstrafe verhängen? Nur um die dann durch eine Aussetzung zur Bewährung abzufangen? Dieser Gedanke brachte mich schließlich zu einer anderen Lösung.

Zurück im Verhandlungssaal verhängte ich keine Freiheitsstrafe. Denn § 242 Strafgesetzbuch eröffnete mir zum Glück noch eine andere Möglichkeit. Er sieht neben der Freiheitsstrafe bis zu fünf Jahre auch die Möglichkeit der Geldstrafe vor. Ich hatte die Geldstrafe vorher gar nicht in Betracht gezogen. Denn wenn Täter wie Magdalena trotz Geldstrafen weiter Straftaten begehen, verhängt man folglich Freiheitsstrafen. Denn die Geldstrafe hat dann ihr Ziel verfehlt. So platt, wie ich das gelernt hatte, konnte ich hier aber nicht vorgehen. Denn ich war ja im Grunde der Überzeugung, dass auch eine Freiheitsstrafe Magdalena nicht helfen würde. Im Gegenteil, sie würde das Problem wahrscheinlich sogar noch verschlimmern. Und ich könnte noch weitergehen: Ich stellte mich auf den Standpunkt, dass eine Freiheitsstrafe angesichts der Hintergründe der Taten und der geringen Stehlwerte schlicht nicht angemessen wäre. Mit diesen Überlegungen zur Angemessenheit einer Strafe begründete ich mein Urteil.

Ich verurteilte Magdalena wegen Ladendiebstahls in drei Fällen zu einer Gesamtgeldstrafe von 60 Tagessätzen. Das war angesichts ihrer Vorstrafen denkbar wenig. Aber mein Urteil wurde rechtskräftig. Weder ihre Verteidigerin noch der Staatsanwalt legten ein Rechtsmittel ein. Offensichtlich teilten sie meine Überlegungen und konnten mit dieser Lösung leben.

Magdalena half mein Urteil leider wenig. Denn sie wurde trotzdem inhaftiert. Als sie die Therapie vorzeitig beendete, widerrief ein anderes Gericht eine zuvor gewährte Bewährung und sie musste eine der früheren Freiheitsstrafen antreten. Unmittelbar nach ihrer Inhaftierung versuchte sie, sich die Pulsadern aufzuschneiden und sich umzubringen.

Kapitel 6
Richterliche Ordnungsmittel

§ 177 Gerichtsverfassungsgesetz

Parteien, Beschuldigte, Zeugen, Sachverständige oder bei der Verhandlung nicht beteiligte Personen, die den zur Aufrechterhaltung der Ordnung getroffenen Anordnungen nicht Folge leisten, können aus dem Sitzungszimmer entfernt sowie zur Ordnungshaft abgeführt und während einer zu bestimmenden Zeit, die vierundzwanzig Stunden nicht übersteigen darf, festgehalten werden. Über Maßnahmen nach Satz 1 entscheidet gegenüber Personen, die bei der Verhandlung nicht beteiligt sind, der Vorsitzende, in den übrigen Fällen das Gericht.

Mit einem kräftigen Knall zog ich die Bürotür hinter mir zu. Hastig legte ich meine Akten auf den Schreibtisch und eilte zurück zur Tür. Diesmal würde ich abschließen, dachte ich, und suchte in den Taschen meiner Robe nach dem elektronischen Schlüssel. Erleichtert hörte ich das mittlerweile vertraute »Bieb-Bieb«, das anzeigte, dass meine Bürotür von außen jetzt nicht mehr zu öffnen war. Zum Glück. Ich brauchte einen Moment Ruhe, um nachzudenken. Ich war gerade hektisch aus meinem eigenen Verhandlungssaal geflüchtet. Das klingt jetzt vielleicht seltsam, kommt aber tatsächlich vor. Ich war vor einem besonders angriffslustigen und leider nicht besonders sachlichen Verteidiger und seinen Anträgen geflüchtet. Auch das kommt vor. Dieser werte Kollege aber war mir schimpfend und spuckend (ich schwöre!) über den Gang bis zu meinem Büro nachgeeilt. Und ich sage Ihnen, das kommt wirklich selten vor!

Mit der Verteidigung ist das immer so eine Sache. Natürlich kenne ich den Umgang mit der »Gegenseite« noch aus meiner Zeit als Staatsanwältin. Aber da war meine Rolle naturgemäß eine andere gewesen. Ich hatte kein großes Problem damit gehabt, mit der Verteidigung zu streiten. Sollten die Kolleginnen und Kollegen sich doch verbal austoben und anstrengende Anträge stellen. Das war zumindest damals nicht zwingend meine Baustelle. Ich konnte zurückfeuern und meinen Kommentar dazugeben, ohne im Zweifelsfall die Entscheidung zu treffen.

Jetzt aber sah das anders aus. Jetzt war ich diejenige, die über die Anträge zu entscheiden hatte. Ich war diejenige, die hinterher auf Grundlage der Äußerungen aller Beteiligter im Protokoll ein Urteil anfertigen musste. Und vor allem war ich diejenige, deren Zeitplan für den ganzen Tag durcheinander geraten konnte, wenn die Verteidigung sich stur stellte und meine Verhandlung sabotierte. Um die Oberhand über die Aktenberge in meinem Büro zu gewinnen, stopfte ich meine Verhandlungstage mittlerweile vom frühen Morgen bis zum späten Nachmittag voll. Dabei wollte ich trotzdem nicht in Stress geraten. Denn ich denke, jeder verdient es, dass ich mir für seine Verhandlung genügend Zeit nehme.

Gleichzeitig möchte ich auch vermeiden, dass Zeugen oder Prozessbeteiligte der nächsten Verhandlung sinnlos im Gang auf den Beginn des Termins warten müssen, weil ich noch in einer früheren Verhandlung feststecke. Deshalb kalkuliere ich die Verhandlungen schon bei der Terminbestimmung auch zeitlich durch. Wie viele Zeugen benötige ich? Wie lange werde ich die einzelnen Zeugen wohl ungefähr vernehmen? Wieviel muss noch verlesen oder in Augenschein genommen werden? Je nach dem, zu welchem Ergebnis ich komme, plane ich für eine Verhandlung zwischen dreißig Minuten und vier Stunden ein. Länger brauche ich selten. Aber natürlich gibt es auch hier Ausnahmen. Ein Verteidiger, der mir mit besonders vielen Anträgen, besonders langen Ausführungen oder einer Endlos-Vernehmung der Zeugen aus einem Halbstunden-Termin eine tagesfüllende Veranstaltung kreiert, kann meine Tagesplanung also schon mal gehörig durcheinanderbringen. Und natürlich auch die Planung all derer, die auf dem Gang noch auf ihren Auftritt warten. An wen dann der Frust adressiert wird, können Sie sich sicher auch schon denken. Auch das gehörte jetzt wohl zu meinem Zuständigkeitsbereich. Verstehen Sie mich nicht falsch, ich habe nichts gegen Strafverteidigerinnen und Strafverteidiger. Ganz im Gegenteil, oft kann eine gute Verteidigung mir die Verhandlung um einiges erleichtern. Eine gute Verteidigung bereitet den Mandanten umfangreich auf den Prozess vor, bringt wichtige Informationen bei, schafft vielleicht schon vor der Verhandlung Voraussetzungen, die ich für ein Urteil und einen Bewährungsbeschluss gebrauchen kann. Letztlich ist eine gute Verteidigung auch einfach ein Korrektiv meiner Verhandlungsführung und sichert ab, dass ich nicht wirklich etwas übersehen habe. Auch die Verteidigung kann deshalb mein doppelter Boden sein. Eine gute Verteidigung weiß ich also sehr zu schätzen. Die meisten Kolleginnen und Kollegen auf der Verteidigerseite machen auch tatsächlich einen guten Job. Meistens wollen wir ja alle das Gleiche: eine faire Verhandlung mit einem passenden Ergebnis. Szenen mit sich ankeifenden Prozessbeteiligten und alles torpedierenden Verteidigern, wie man sie aus dem Fernsehen kennt, gibt es in der Realität zum Glück eher selten. Aber sie kommen vor. Das Paradebeispiel dafür hatte mich gerade spuckend und keifend über den Gerichtsgang verfolgt.

Während ich versuchte, mich zu sammeln, eilte auch Fabian Oberer durch den Gang des Gerichtsgebäudes. Eben hatte er kurz seinen Mandanten vor dem Saal beruhigen müssen. Der Arzt, den er heute im Prozess vertrat, war nicht erfahren vor Gericht, deshalb musste er ihm die Situation erklären. Grundsätzlich wäre das für Fabian kein Problem gewesen, denn er beherrschte das Metier der Strafverteidigung. Obwohl er erst wenige Jahre im Geschäft war, war ihm der Strafprozess scheinbar in die Wiege gelegt worden. Heute aber war die Situation eine andere. Denn die Verhandlung war soeben derart aus dem Ruder gelaufen, dass schon für die Juristen im Saal schwer zu glauben war, was gerade geschah. Für rechtliche Laien wie seinen Mandanten musste das Ganze noch viel skurriler wirken. Doch Fabian versuchte, sich nichts anmerken zu lassen. Er hatte seinem Mandanten versichert, dass die Situation unter Kontrolle war, und ihn gebeten, vor dem Saal auf ihn zu warten. Dann war er los gehastet. Denn in Wahrheit war die Situation alles andere als unter Kontrolle. Schnellen Schrittes folgte er der lauter werdenden Stimme, die noch bis zum Saal zu hören war.

»Eine Zumutung ist das! Eine Beleidigung! Das lasse ich mit mir nicht machen!«, schallte die Stimme ihm schon entgegen. Er bog noch um eine Ecke, dann hatte er den großen dickbäuchigen Anwalt erreicht, der noch samt seiner Robe vor einem Richterbüro auf und ab lief. Ohne zu zögern, ging Fabian auf ihn zu. Der alte Anwalt schien ihn nicht wahrzunehmen, sein Gesicht war ganz rot, so hatte er sich in Fahrt geschimpft. Fabian griff ihn am Arm.

»Komm jetzt, Vater!«, forderte er ihn auf. »Es genügt, wir müssen uns beruhigen.« Er zog ihn von der Tür weg zurück in Richtung des Verhandlungssaales, was angesichts der etwa einhundert Kilo Kampfgewicht, das sein Vater auf die Waage brachte, gar nicht so einfach war.

Hinter meiner Bürotür hörte ich die Stimme des Anwalts verstummen. Puh. Ich atmete erleichtert aus. Was für eine Meisterleistung fehlender Selbstbeherrschung, die sich der Kollege Oberer da gerade geleistet hatte. Also, genau genommen der Vater des Kollegen Oberer. Der Kollege Oberer war vor allem deshalb mein Kollege, weil ich ihn schon aus dem Studium und dem Referendariat kannte. Fabian und ich waren nie enger befreundet gewesen, aber wir hatten über lange Zeit im gleichen Jahrgang studiert und die Examina zeitgleich abgeschlossen. Warm waren wir nie miteinander geworden. Denn im Gegensatz zu mir stammte Fabian Oberer aus einer renommierten Juristenfamilie und hatte sich schon immer nahezu ausschließlich in diesen Kreisen bewegt. Das hatte er seine Mitstudierenden bisweilen unangenehm spüren lassen. Die völlig normalen Studierenden, die mit Sneakers und Eastpack-Rucksäcken zur Vorlesung kamen, oder wie ich nebenbei in einem Café jobbten, hatten in seine Welt nicht hineingepasst. Vielleicht waren das aber auch eher meine Vorurteile als die von Fabian gewesen. Ich weiß es ehrlich gesagt gar nicht genau. Die Familie Oberer war mir jedenfalls schon lange ein Begriff gewesen. Vater, Mutter und auch Fabians große Schwester waren stadtbekannte Juristen. Allesamt waren sie in der Strafverteidigung tätig. Da war es klar, dass auch Fabian in die Fußstapfen seiner Eltern treten und Strafverteidiger werden würde. Ich würde lügen, wenn ich abstreiten würde, auf diesen bereits geebneten Weg nicht manchmal etwas neidisch gewesen zu sein. Fabian hatte schon im Studium Kontakte gehabt, von denen ich nicht einmal wusste, dass es sie gab. Ganz zu schweigen davon, dass ich sie brauchen könnte! Statt der überfüllten Juristenbibliothek der Universität hatte Fabian die Ausstattung der ganzen Kanzlei seiner Familie zur Verfügung gestanden. Und natürlich hatte jeder schon anhand seines Nachnamens erkannt, wer seine Eltern waren. Vielleicht war ihm dann und wann schon deshalb wohlwollender begegnet worden. Vielleicht hatte ich auch insoweit nur den Eindruck gehabt. Aber sei's drum, heute spielte das alles keine Rolle mehr, denn heute verhandelten Fabian und ich auf Augenhöhe.

Fabian Oberer war heute als Verteidiger eines jungen Arztes aufgetreten. Dr. Robert Serbe war 42 Jahre alt. Ihm lag eine Körperverletzung an seiner Exfreundin Sarah Muhle zur Last. Es ging um eine sogenannte »einfache« Körperverletzung nach § 223 Abs. 1 Strafgesetzbuch. Robert wurde vorgeworfen, seine Exfreundin im Hausflur zu ihrer Wohnung zunächst gewürgt und dann gegen das Treppengeländer gestoßen zu haben. Im Grunde hatte die Verhandlung gesittet begonnen. Schon vor der Verhandlung war klar gewesen, dass eine Beweisaufnahme stattfinden müsste, um herauszufinden, was wirklich passiert war. Denn beide Beteiligten hatten von Beginn an verschiedene Aussagen gemacht. Sarah hatte ausgesagt, ihr Exfreund verkraftete die Trennung nicht und sei deshalb seit Monaten aggressiv ihr gegenüber aufgetreten. Wegen des gemeinsamen Kindes würden sie sich aber dennoch regelmäßig sehen. Das Familiengericht hatte einen sogenannten begleiteten Umgang angeordnet. Drei Mal pro Woche durfte Robert den gemeinsamen einjährigen Sohn deshalb im Beisein von Sarah sehen. Das hatte anfangs noch ganz gut geklappt, schilderte Sarah. Sie seien oft zusammen mit dem Kinderwagen spazieren gegangen, hätten sich aber auch in ihrer Wohnung getroffen. Seit sie aber einen neuen Partner hatte, sei es oft zu Streit gekommen, erzählte Sarah. Robert habe sich immer wieder einmischen wollen. Er habe sowohl Sarah als auch ihrem neuen Partner gedroht und könne einfach nicht damit umgehen, dass die Beziehung der beiden damit endgültig keine Chance mehr auf ein Comeback habe. Am Tattag seien sie wie gewohnt zusammen spazieren gegangen. Robert habe Sarah anschließend noch geholfen den Kinderwagen durch das Treppenhaus hoch zu ihrer Wohnung zu tragen. Sie selbst habe den gemeinsamen Sohn auf dem Arm gehabt, Robert habe den Kinderwagen getragen. Oben angekommen habe Robert dann Herrenschuhe vor ihrer Wohnung stehen sehen. Deshalb sei es zum Streit gekommen. Robert habe wissen wollen, ob »der Neue« jetzt etwa schon eingezogen sei. Das ginge für ihn gar nicht, er wolle keine fremden Männer in der Nähe seines Kindes sehen. Der Sohn sei noch zu klein, er könne das noch gar nicht richtig einordnen. Sarah sagte, sie habe ihm erklärt, dass ihn das nichts angehe, es sei ihr Leben, er habe da nicht mitzureden. Da sei Robert handgreiflich geworden. Er habe Sarah erst an die Wand des Treppenhauses gedrückt und am Hals gewürgt. Dann habe er sie mit Wucht gegen das Geländer gestoßen. Sarah kam dadurch zu Fall, sie hielt das Baby fest umschlungen, um es zu schützen, so dass sie sich nicht abfangen konnte, und stieß mit dem Steiß und dem unteren Rücken auf die Treppenstufen. Der Kleine, der unverletzt aber erschrocken war, begann zu weinen, da ließ Robert von ihr ab. Sarah schilderte den Tathergang ausführlich, aber sachlich. Sie gab an, sie wäre im Grunde deshalb auch gar nicht zur Polizei oder zum Arzt gegangen. Denn kurz nach dem Vorfall verließ Robert das Haus und entschuldigte sich auch im Nachgang für sein Verhalten. Aber sie sei sehr wütend darüber gewesen, dass ihr Exfreund handgreiflich geworden sei, während sie das gemeinsame Kind auf dem Arm gehabt hätte. Für sie würde eine solche Auseinandersetzung vor den Augen des Kindes einfach eine Grenze überschreiten. Ganz davon abgesehen, dass auch der Kleine hätte verletzt werden können, als Robert Sarah gegen das Treppengeländer stieß. Damit sei er aus ihrer Sicht einfach zu weit gegangen. Deshalb habe sie ihn angezeigt.

Robert indes erzählte uns einen anderen Hintergrund der Anzeige seiner Exfreundin Sarah. Auch Robert gab an, dass es nach der Trennung häufig zu Streit gekommen sei. Der Grund dafür sei aber weder Sarahs neuer Partner noch seine Eifersucht gewesen. Es habe da zwar auch mal Diskussionen gegeben, aber im Grunde sei er schon damit klargekommen. Die Anzeige habe einen anderen Grund, erzählte uns Robert. Denn Sarah würde es dabei allein um das Sorgerecht gehen. Sie wollte gern das alleinige Sorgerecht über den gemeinsamen Sohn erstreiten. Das habe sie von Anfang an gewollt, denn schon unmittelbar nach der Trennung habe ihre Familie ihr dazu geraten. Robert verdiente als Arzt gut und je weniger er sich faktisch um das gemeinsame Kind kümmern konnte, desto mehr sei er zu Unterhalt verpflichtet. Er meinte, Sarah habe es darauf angelegt, dass das Kind in jedem Fall allein bei ihr leben soll, und er den vollen Unterhalt zahlen müsste. Wenn es nach ihr ginge, würde er sein Kind überhaupt nicht mehr sehen. Deshalb war es zu einem Verfahren vor dem Familiengericht gekommen. Dort habe er sich schon den begleiteten Umgang mühsam erstreiten müssen. Sarah würde seitdem versuchen, ihn bei jeder Gelegenheit schlecht dastehen zu lassen, schilderte Robert. So sei es auch am Tattag gewesen. Die körperliche Auseinandersetzung habe es nie gegeben. Sie hätten lediglich verbal diskutiert im Treppenhaus, denn Robert habe natürlich wissen wollen, zu wem sein Kind da Kontakt habe. Aber er habe Sarah weder gewürgt noch gestoßen. Er habe ihr den Kinderwagen vor die Wohnung gestellt und sei dann gegangen. Aber Sarah würde jetzt den Wirbel nutzen, um mehr aus der Sache zu machen, und das Strafverfahren für das Verfahren vor dem Familiengericht zu nutzen. Um eine Körperverletzung würde es hier jedenfalls nicht gehen. Das sei alles nur Show. Eine Show vor dem Hintergrund des Sorgerechtsstreits.

Als sie den Verhandlungssaal fast wieder erreicht hatten, zog Fabian seinen Vater noch einmal zur Seite.

»Du musst dich jetzt beruhigen Vater«, sagte er. »Das ist es doch nicht wert.« Fabian war schlank und größer als sein Vater, er konnte ihm eindringlich in die Augen schauen. Doch sein Vater stieß ihn weg.

»Einen Scheiß muss ich!«, schnauzte er zurück. »Eine Farce ist das hier! Weiß diese Richterin denn etwa nicht, wer ich bin? Wie sie es wagen kann, mich so zu behandeln! Das ist mir in dreißig Jahren nicht passiert!« Er schnaubte verächtlich durch die Nase und machte Anstalten wieder umzukehren.

»Ich weiß Vater. Aber wir müssen uns jetzt auf die Verhandlung konzentrieren«, versuchte es Fabian noch einmal. »Vielleicht ist es doch besser, wenn ich allein weiter mache?«, fragte er, obwohl er wenig Hoffnung hatte, dass sein Vater auf diesen Vorschlag eingehen würde.

»Das kommt gar nicht in Frage!« Fabians Vater schnaubte wieder. »Da lässt dieses depperte Gör sich noch vor den Karren spannen für den Familienprozess! Der Prozess muss gewonnen werden! Und das kann nur ich!«

Fabian seufzte. Wenn sein Vater doch nur einfach im Büro geblieben wäre. Eigentlich hatte er ihm zugesichert, sich in die Mandate seines Sohnes nicht mehr einzumischen und es war auch wirklich nicht so, dass Fabian in diesem Verfahren die Hilfe seines Vaters gebraucht hätte. Im Gegenteil, der Auftritt seines Vaters hatte für seinen Mandanten alles nur noch schlimmer gemacht. Er hatte darauf bestanden, ihn zum Termin zu begleiten. Denn der Arzt, den Fabian vertrat, war der Sohn eines alten Freundes seines Vaters. Dem hatte er versprochen ihn da schon wieder rauszubekommen. Fabian schüttelte den Kopf bei der Erinnerung an diese unsachliche Zusage seines Vaters. Auch das wäre seinem Vater früher nicht passiert. Derart unprofessionelle Versprechen geben erfahrene Strafverteidiger nicht. Und gerade sein Vater hätte das eigentlich wissen müssen. Denn er selbst hatte ihm das wiederholt eingeschärft. Fabian seufzte resigniert.

»Ich gehe kurz telefonieren«, sagte Fabian. »Bitte warte einfach hier.« Eilig verschwand Fabian hinter der nächsten Ecke und zückte sein Smartphone. Es gab nur eine Person, die ihm jetzt noch helfen konnte.

In meinem Büro hatte ich zwischenzeitlich einen Gesetzeskommentar aufgeschlagen. Die Entscheidung in diesem Prozess war nicht einfach. Denn durch den Sorgerechtsstreit zwischen den Beteiligten war von vornherein klar, dass es hier um mehr als nur eine Strafe gehen würde. Mein Urteil würde nicht nur Auswirkungen auf den Angeklagten haben. Auch für seinen Sohn würde mein Urteil nicht ohne Folgen bleiben. Denn natürlich schaute auch das Familiengericht gespannt auf meine Einschätzung. War Dr. Robert Serbe gegenüber seiner Expartnerin handgreiflich geworden? Hatte er das gemeinsame Kind gefährdet? Oder war die Anzeige doch nur ein geschickter Schachzug, um es genau so aussehen zu lassen? Ich würde sorgsam prüfen müssen. Aber darauf hatte ich mich schon vorbereitet. Denn die Aussagen der beiden waren mir schon vor der Verhandlung bekannt gewesen. Sarah hatte vor der Polizei ausgesagt. Robert hatte sich über meinen Kollegen Oberer Junior schriftlich eingelassen. Wo am Ende die Wahrheit lag, würde eine Beweisaufnahme zeigen müssen. Ich hielt beide Varianten für grundsätzlich gut möglich. Eifersüchtige Exfreunde neigen bisweilen leider zu Gewalt gegen Frauen. Und Beteiligte von Familienrechtsstreitigkeiten greifen manchmal zu fragwürdigen Maßnahmen, um sich dort einen Vorteil zu verschaffen. Ich wollte herausfinden, wo genau hier die Wahrheit lag. Denn natürlich wollte ich mich und mein Urteil auf keinen Fall fälschlich für den Sorgerechtsstreit missbrauchen lassen. Ich war ursprünglich zuversichtlich gewesen, dass die Beweisaufnahme weitere Erkenntnisse mit sich bringen würde. Danach würde ich hoffentlich wissen, wer hier gelogen hatte, und eine sachliche Entscheidung treffen können. Es gab zum Glück einige Beweismittel. Es gab eine Zeugin, die zumindest den Trubel im Treppenhaus mitbekommen hatte, und eine weitere Zeugin vom Hören-Sagen. Ich hatte die Ärztin, bei der Sarah sich nach dem Vorfall vorgestellt hatte, und schließlich den Chatverlauf der beiden Expartner, die verlesen werden konnten. Insgesamt drei Stunden hatte ich ursprünglich für die Verhandlung kalkuliert. Das hätte wohl auch gut gepasst. Aber den Auftritt von Oberer Senior, den hatte ich natürlich nicht kommen sehen.

Sie erinnern sich, ich hatte erwähnt, dass der Kollege Oberer Junior aus einer renommierten Juristenfamilie stammte. Das wusste ich natürlich. Das war grundsätzlich auch kein Problem für mich. Fabian Oberer war – wie ich – zwar noch nicht lange »im Geschäft«, aber er machte einen ordentlichen Job. Ich hatte schon als Staatsanwältin mehrfach mit ihm verhandelt und ihn als fairen, sachlichen und kompetenten Anwaltskollegen wahrgenommen. Ich kannte auch schon seine ältere Schwester. Sie hatte im vergangenen Jahr die Leitung der Familienkanzlei übernommen. Vater und Mutter hatten ihre Anwaltszulassung zwar noch nicht abgegeben, aber sie hatten sich aus dem aktiven Geschäft mehr oder weniger zurückgezogen, zumindest hatte ich das gehört. Denn auch Fabians Vater war mir natürlich ein Begriff. Ich hatte nie selbst mit ihm verhandelt, aber der Kollege Oberer Senior war eine Legende. Über dreißig Jahre war er Strafverteidiger gewesen und hatte sich dabei wirklich einen Namen gemacht. Er hatte die ganz großen Verfahren verhandelt. Kapitaldelikte, Morde, Schwere Bandenkriminalität, Drogenkartelle. Er war einer der ganz Großen gewesen. Aber heute hatte er mich spuckend über den Flur verfolgt. Wegen einer einfachen Körperverletzung. »Was ist bitte in ihn gefahren?«, fragte ich mich, während ich in den Paragraphen blätterte. Wie hatte diese Koryphäe der Strafverteidigung derartig die Beherrschung verlieren können? Und wie sollte ich jetzt darauf reagieren?

Zu Beginn der Verhandlung hatte ich gar nicht verstanden, warum ein zweiter Anwalt neben dem Angeklagten Platz genommen hatte, obwohl nur der Kollege Oberer Junior die Verteidigung angezeigt hatte. Es stellte sich dann heraus, dass Oberer Senior mitgekommen war, um seinen Sohn zu unterstützen. Schon zu diesem Zeitpunkt habe ich überlegt, ob mein Neid auf den scheinbar geebneten Weg des Kollegen vielleicht doch etwas verfrüht gewesen war. Neben seinem großen und vor allem recht korpulenten Vater ging der junge und recht schmale Fabian nahezu unter. Und warum war er mitgekommen? Die Verhandlung war weder besonders kompliziert, noch war der Tatvorwurf besonders schwerwiegend. Traute Oberer Senior seinem Sohn die Verteidigung etwa nicht zu? Die Begleitung durch seinen Vater war Fabian Oberer auch sichtlich unangenehm. Mehrfach fiel sein Vater ihm ins Wort oder ergänzte seine Ausführungen. Die Ergänzungen waren dabei – ich traue es mich ja gar nicht zu sagen – überflüssig. Noch unangenehmer wurde das Ganze aber im Laufe der Beweisaufnahme. Zugegeben, für Robert sah es nicht gut aus. Sarah hatte sehr ergiebig, widerspruchsfrei und konstant ausgesagt. Die Nachbarin aus dem Treppenhaus hatte den Streit gehört und auch mitbekommen, dass es im Treppenhaus zumindest »ordentlich gescheppert« hatte. Schon hier hatte Oberer Senior mehrfach Fragen an die Zeuginnen gestellt, die ich als unzulässig zurückweisen musste. Dann kam der Chatverlauf zur Verlesung. Robert hatte geschrieben, dass er sich »für die Sache im Treppenhaus« entschuldigen wolle. Es würde nie wieder vorkommen. Er fragte, wie es Sarah gehe. Das war alles nicht glasklar, sah in der Gesamtbetrachtung aber zunehmend schlecht aus für den Angeklagten. Der

Kollege Oberer Junior hatte sachlich reagiert. Er hatte die Zeugin schon recht scharf und ausführlich befragt, war aber doch professionell geblieben. Er hatte schon vor der Verhandlung einen Antrag gestellt, dem ich nachgekommen war. Er hatte seinen Job gemacht. Oberer Senior hingegen verhielt sich zunehmend seltsamer. Seine unzulässigen Fragen hatte ich zunächst für eine Strategie zur Verunsicherung der Hauptbelastungszeugin gehalten. Aber dann hatte er begonnen, eine ganze Reihe völlig sinnloser Anträge zu stellen.

Anträge meint in diesem Fall sogenannte Beweisanträge. Einen Beweisantrag stellen Verteidigung oder Staatsanwaltschaft, wenn sie möchten, dass ein bestimmtes Beweismittel in die Hauptverhandlung eingeführt wird. Möglicherweise erinnern Sie sich noch an den Fall der kleinen Haydal. Dort war das Problem, dass ich als Richterin nur das für mein Urteil verwenden darf, was ordnungsgemäß in die Hauptverhandlung eingeführt worden ist. Deshalb muss ich förmlich Beweis erheben. Das kann ich durch die sogenannten Strengbeweismittel machen. Strengbeweismittel sind:

- Sachverständige,
- Augenschein,
- Parteivernehmung,
- Urkundenbeweis und
- Zeugenvernehmung.

»SAPUZ« war die Eselsbrücke dazu im Studium, die wir alle auswendig gelernt hatten. Welche Beweise ich im Einzelnen in die Verhandlung einführe, obliegt mir als Richterin. Es ist Teil meiner Verhandlungsleitung. § 244 Abs. 2 Strafprozessordnung sagt, das Gericht soll zur Erforschung der Wahrheit von Amts wegen die Beweisaufnahme auf alle Tatsachen und Beweismittel erstrecken, die für die Entscheidung von Bedeutung sind. Genügt der Staatsanwaltschaft oder der Verteidigung das nicht, was ich für bedeutsam erachte, kann ein Beweisantrag gestellt werden. Das ist auch völlig in Ordnung und richtig so, denn wie gesagt, beide sind mein Korrektiv und auch ich kann etwas übersehen. Die Möglichkeit der Stellung von Beweisanträgen regelt das Gesetz in § 244 Abs. 3 Strafprozessordnung. Den genauen Wortlaut erspare ich Ihnen, denn das Strafprozessrecht kann bisweilen etwas trocken werden. Der Gesetzgeber wollte jedenfalls nicht durch Beweisanträge die Möglichkeit schaffen, Prozesse endlos zu verschleppen und in die Länge zu ziehen. Deshalb muss ich keinen Beweis zu sinnlosen Fragen erheben, wie etwa dazu, ob die Erde eine Scheibe ist. Oder zu erwiesenen Tatsachen (sie ist eine Kugel, das ist klar). Oder zu Umständen, die keinen Einfluss auf den Prozess haben, (Scheibe oder Kugel, für meinen Prozess ist das völlig egal). Außerdem gibt das Gesetz Inhalts- und Formvorschriften für Beweisanträge vor. Ich will Ihnen dazu das kleine Einmaleins zeigen, nur für den Fall, dass Sie sich doch einmal in einem Strafprozess wieder finden.

Ein Beweisantrag muss immer
- eine konkrete Tatsache benennen, die für die Schuld- oder Rechtsfolgenfrage eine Rolle spielt,
- ein konkretes Beweismittel bezeichnen,
- und aufzeigen, warum dieses Beweismittel eben diese Tatsache belegen kann.

Genügt ein Beweisantrag diesen Voraussetzungen nicht, ist er als unzulässig abzulehnen. Er ist also postwendend raus.

Das Formulieren von Beweisanträgen, was hier vielleicht erst einmal recht kompliziert klingt, gehört zum grundsätzlichen Handwerkszeug der guten Strafverteidigung. Ein guter Verteidiger nimmt sich einen Moment Zeit, bereitet vielleicht ein paar Sätze schriftlich vor und trägt dann einen den Anforderungen genügenden Antrag vor. Als Richterin nehme ich mir meist auch einen Moment Zeit, gehe vielleicht kurz in mein Büro, überprüfe den Antrag und setze dann die Verhandlung fort. Mit oder ohne den Beweis, je nach Ergebnis meiner Prüfung. Der Kollege Oberer hätte einen solchen Beweisantrag im Grunde mit Leichtigkeit aus dem Ärmel schütteln müssen. Professionell, sachlich und emotionslos, so wie er es über Jahre in den beeindruckendsten Strafprozessen des Landes getan hatte. Im

Gegensatz zu mir hätte er dazu mit Sicherheit noch nicht einmal eine Pause gebraucht. Aber er tat es nicht. Stattdessen wurde er laut, rief seine Anträge unaufgefordert und in wüstem Tonfall dazwischen, statt sie ordnungsgemäß zu Protokoll zu geben. Und zu allem Überfluss waren seine Anträge gänzlich unzulässig. So unzulässig, dass ich nicht mal in mein Büro gehen musste, um eine Entscheidung zu treffen. Denn an das kleine Einmaleins von eben hatte er sich nicht gehalten. Bei schon offensichtlich unzulässigen Beweisanträgen besteht kein Spielraum, sie sind von Gesetzes wegen abzulehnen. Oberer Senior schien offenbar völlig vergessen zu haben, wie ordentliche Beweisanträge gestellt werden. Ich hatte keine Wahl gehabt, diese, aus meiner Sicht unnötige weitere Beweiserhebung musste ich einfach ablehnen. Und das wiederum hatte Oberer Senior auf die Palme gebracht. So richtig auf die Palme. Schon bei der ersten Ablehnung war er laut geworden. Bei der zweiten war er von seinem Stuhl aufgesprungen und nach vorn gekommen. Er hatte mich beschimpft und wild mit den Armen gerudert. Bei der dritten Ablehnung hatte er die Beherrschung endgültig verloren. Sein rundes Gesicht war puterrot angelaufen, er schwitzte, er spuckte und schrie. Was mir denn einfiele und ob ich denn nicht wisse, wer er sei, fragte er mehrfach. Mir war das Ganze furchtbar unangenehm, eben weil ich gerade ganz genau wusste, wer er war! Aber was hätte ich denn tun sollen? Nur aus Respekt vor seiner Vergangenheit unzulässigen Anträgen stattgeben? Mein rechtlicher Hinweis auf die offensichtliche Unzulässigkeit seiner Anträge hatte es nicht besser gemacht. Oberer Senior war wieder aufgesprungen und wurde noch roter im Gesicht. Wieder war er nach vorn gesprungen und hatte sogar auf den Richtertisch geschlagen, so dass meine Protokollantin und ich für einen Moment von unseren Stühlen gesprungen waren. Ich hatte schon Angst, er würde mir direkt auf den Richtertisch springen. Oder jeden Moment kollabieren. Es war wie eine schlechte Szene aus dem Nachmittagsprogramm von RTL II. Weder sein Sohn noch der Staatsanwalt hatten ihn beruhigen können.

Deshalb hatte ich schließlich die Verhandlung kurz unterbrochen. Ich hatte gedacht, wenn alle einen Moment Luft holen und in Ruhe darüber nachdenken könnten, würde sich die Situation beruhigen. Ich hatte eine zehnminütige Pause verkündet, war aufgestanden und hatte ruhigen Schrittes kurz in mein Büro gehen wollen. Wie Sie sich aufgrund der Verfolgungsjagd durch die Gänge des Gerichts denken können, hatte diese Idee nicht so gut funktioniert. Schimpfend und spuckend versuchte Oberer Senior mir hinterher zu kommen. Jetzt saß ich an meinem Schreibtisch und war etwas ratlos, wie ich weiter vorgehen sollte. Wie geht man denn mit schreienden und spuckenden Anwälten um? Sowas steht in keinem Ratgeber. Unter »Konfliktverteidigung« finden sich nur Ratschläge zu schwierigen prozessualen Anträgen, aber nicht zu fehlender Selbstbeherrschung. Ein Kapitel zum Umgang mit Cholerikern, das wäre doch mal hilfreich! Ich dachte nach. Von jemand anderem hätte ich mir als Richterin so ein Verhalten nicht gefallen lassen. Wenn sich ein Prozessbeteiligter sichtlich nicht im Griff hat, würde ich ihn des Saales verweisen oder ihm sitzungspolizeiliche Maßnahmen androhen. § 177 Gerichtsverfassungsgesetz sah sogar die Möglichkeit der Ordnungshaft vor, wenn sich Prozessbeteiligte nicht angemessen verhalten. Aber hier hatte ich es mit Oberer Senior zu tun! Der Mann war eine Koryphäe der Strafverteidigung. Konnte ich ihn wie einen Schuljungen abführen lassen? So kann man doch mit einem Anwalt nicht umgehen. Oder etwa doch? Vielleicht könnte ich über ein Rechtsgespräch nachdenken, an dem dann nur sein Sohn als offiziell benannter Verteidiger teilnehmen würde? Vielleicht würde Oberer Senior bei diesem Vorschlag aber auch endgültig zu einer großen roten Wolke explodieren.

Fabian Oberer hatte inzwischen gemeinsam mit seinem Vater und seinem Mandanten wieder im Sitzungssaal Platz genommen. Die Protokollantin rief zur Sache auf und auch die übrigen Prozessbeteiligten kamen zurück in den Saal. Angespannt beobachtete Fabian, wie sich der Brustkorb seines Vaters allein beim Anblick des Richtertisches wieder etwas schneller hob und senkte. Seine Versuche, seinen Vater zu beruhigen, waren vergeblich gewesen. Nur mit Mühe hatte er ihn davon abhalten können, wieder zurück zu dem Büro der Richterin zu gehen. Er blickte auf die Uhr. Hoffentlich würde seine Mutter rechtzeitig hier sein, dachte er.

»Die Verhandlung in der Strafsache gegen Dr. Robert Serbe wird fortgesetzt«, gab ich zu Protokoll. »Zu dem Beweisantrag der Verteidigung ergeht folgender Beschluss: Der Antrag wird als unzulässig abgelehnt.« Ich kam nicht dazu, meinen Beschluss zu begründen. »Unverschämtheit!«, rief Oberer Senior und sprang auf. »Ich interveniere! Ich... ich...« Er rang nach Luft und stürmte erneut nach vorn.
»Herr Oberer!«, rief ich scharf zurück und bemühte mich laut auszusprechen, was ich mir todesmutig in meinem Büro zurecht gelegt hatte: »Ich fordere Sie auf, sich auf Ihren Platz zu begeben! Wahren Sie die Ordnung im Saal, sonst muss ich die Wachtmeister anfordern!« Jetzt schlug mir das Herz bis zum Hals. Hatte ich das gerade wirklich gesagt? Fassungslos starrte mich Oberer Senior an. »Wie können Sie es wagen?«, schrie er außer sich vor Wut. Ich suchte mit dem Finger unter dem Richtertisch nach dem kleinen Schalter, mit dem ich im Notfall die Wachtmeister verständigen konnte.

Auf einmal wurde die Tür aufgerissen. Mit knallendem Absatz betrat eine große schlanke Frau mit blondem Bobschnitt den Saal. Mit eisblauen Augen erfasste sie die Situation. Sie grüßte niemanden und stellte sich nicht vor. Es war auch nicht nötig, denn jeder im Saal kannte Madeleine Oberer. »Justus!«, rief sie ihrem Mann streng entgegen. »Auf ein Wort! Sofort!«
Sie wendete auf dem Absatz und verließ den Saal. Oberer Senior schnaubte und schnappte nach Luft, er wollte offenbar etwas erwidern, überlegte es sich dann aber offenbar doch anders. Unentschlossen sah er zu seinem Sohn, dann zu mir und dann zur Tür, die seine Gattin weit geöffnet gelassen hatte. Justus Oberer schnaubte

noch einmal und stapfte nach draußen. Die Tür knallte er hinter sich zu. Im Saal war es mucksmäuschenstill. Auf dem Gang hörte man beide streiten. Oberer Senior war noch immer aufgebracht. Seine Gattin allerdings auch. Es fielen Worte wie Ruhestand und Blutdrucktabletten. Dann aber entfernten sich die Stimmen. Mein Kollege Fabian schien beschämt und doch gleichzeitig erleichtert. Er beantragte nochmals eine Verhandlungspause.

Nach einer kurzen Unterbrechung konnten wir die Verhandlung fortsetzen. Wir vernahmen die Ärztin, die Sarah nach ihrem Sturz behandelt hatte. Sie konnte die Verletzungen bestätigen und auch darlegen, warum diese wohl auf einen Sturz zurückzuführen waren. Ich führte die letzten formellen Beweismittel in den Prozess ein. Die Plädoyers waren gegensätzlich. Die Staatsanwaltschaft beantragte eine Verurteilung, Fabian plädierte für den Freispruch seines Mandanten. Dann konnte ich mein Urteil sprechen. Ich verurteilte Robert Serbe zu einer Geldstrafe. Unabhängig von dem Sorgerechtsstreit, hielt ich nach dem Ergebnis der Beweisaufnahme für erwiesen, dass Robert sich einer Körperverletzung schuldig gemacht hatte. Seine Einlassung, wonach außer einem verbalen Streit nichts passiert sein sollte, war durch die Aussage der Nachbarin widerlegt worden. Der Chatverlauf untermauerte das Ganze.

Ein Rechtsmittel hat weder Fabian noch die Kanzlei Oberer eingelegt. Das spricht dafür, dass mein Urteil korrekt gewesen ist. Oder dass eine weitere Verhandlung vermieden werden sollte. Welche Rolle auch immer Oberer Senior in dieser Verhandlung gespielt haben mochte, mit dem weiteren Vorgehen in diesem Rechtsstreit hatte er nichts mehr zu tun. Auch vor Gericht habe ich ihn nie wieder gesehen. Keinen einzigen Schriftsatz habe ich je wieder bekommen, den er unterzeichnet hätte. Offenbar hatte er nun den Ruhestand angetreten. Von seinem Verhalten in der Verhandlung habe ich meinen Kollegen im Gericht übrigens nichts erzählt. Was auch immer mit ihm los gewesen war, ich hatte großen Respekt vor seiner beruflichen Leistung, bloßstellen wollte ich ihn nicht. Auch Fabian Oberer hätte ich das nicht antun wollen. Am Ende kann ich jedenfalls sagen, auf die Familie meines Kollegen nicht mehr im Geringsten neidisch zu sein.

»Unter jedem Dach gibt es ein Ach«, sagt meine Mutter immer. Ich war nun unfreiwillig Zeuge des Dachinhalts einer der renommiertesten Strafverteidigerfamilien der Stadt geworden. Und beinahe hätte ich das Familienoberhaupt in Ordnungshaft genommen. Stellen Sie sich das einmal vor.

Kapitel 7
Der Irrtum des Straftäters

§ 16 Strafgesetzbuch

(1) Wer bei Begehung der Tat einen Umstand nicht kennt, der zum gesetzlichen Tatbestand gehört, handelt nicht vorsätzlich. Die Strafbarkeit wegen fahrlässiger Begehung bleibt unberührt.

(...)

»Da soll noch mal jemand sagen, diese ganzen abstrusen Irrtums-Theorien würden in der Praxis nie vorkommen!«, stöhnte ich und stützte den Kopf in die Hände. Ich saß im Büro meiner Kollegin Linda, meiner zweitliebsten Anlaufstelle am Amtsgericht für schwierige Verfahren, direkt nach Herrn Kauf. Im Gegensatz zu Herrn Kauf war Linda aber nicht allwissend. Sie hatte auch keine Buddha-Ausstrahlung. Linda war Proberichterin, genau wie ich. Sie hatte ein paar Monate nach mir am Amtsgericht angefangen und war im Grunde genauso unerfahren wie ich.

Genau dieser Umstand war für mich aber gerade sehr hilfreich. Denn manchmal tut es unglaublich gut, sich mit Kolleginnen und Kollegen auszutauschen, die genauso wenig Ahnung haben wie man selbst. Einfach, weil man sich dann weniger dumm fühlt, wenn man dieses oder jenes noch nicht weiß oder nicht sofort erkennt. Gleichzeitig kann so ein Austausch trotzdem fachlich hilfreich sein, weil man gemeinsam doch zum richtigen Ergebnis kommt. Denn vier Augen sehen ja bekanntlich mehr als zwei, und zwei gefährliche Portionen Halbwissen ergeben manchmal irgendwie doch eine Portion Sicherheit. Oder zumindest ein Gefühl davon. Deshalb halfen Linda und

Kapitel 7 – Der Irrtum des Straftäters

ich uns ab und an gegenseitig bei unseren beruflichen Rechtsproblemen. Wir tauschten Lösungen, Formulare, Vorlagen, Urteile und Beschlüsse aus. Seit ein paar Wochen teilten wir uns außerdem eine kleine französische Kaffeepresse in Lindas Büro – und unsere generellen Probleme mit dem Start als Strafrichterin. Es war also durch und durch eine gewinnbringende Fügung für uns, dass es auch Linda an das Amtsgericht verschlagen hatte. Gerade im Moment war ich besonders froh darüber, mit Linda eine weitere Anlaufstelle im Gericht zu haben. Denn gemeinsam saßen wir über unseren Kaffeetassen in ihrem Büro und brüteten über einem Verfahren aus meinem Dezernat. Es war eine unangenehme Sache, die auch in der Presse schon einigen Staub aufgewirbelt hatte. Das Verfahren war rechtlich aber auch menschlich ziemlich komplex und allein hatte ich die Geschehnisse noch nicht strukturieren können.

»Also nochmal ganz langsam«, sagte Linda und versuchte, mit Pfeilen die Konstellation des Falles auf ein Blatt Papier zu skizzieren. »Der Angeklagte des ersten Verfahrens unterliegt einem Irrtum auf Tatsachenebene. Die Angeklagten des zweiten Verfahrens unterliegen einem Irrtum auf Rechtsebene, sind aber gleichzeitig Zeugen im ersten Verfahren, in dem sie keinem Irrtum unterliegen.«

»Ja, so habe ich das verstanden«, antwortete ich und schaute zu, wie Linda einen Pfeil in ihrer Skizze wieder strich, weil er doch keinen Sinn ergab.

»Die Verfahren sind nicht verbunden?«, fragte sie.

»Nein, sie sind nur beide in meinem Dezernat wegen des grundsätzlichen Zusammenhangs«, erklärte ich. »Ich kann auch nicht verbinden, weil die Prozessbeteiligten sonst gleichzeitig Angeklagte und Zeugen wären.«

»Hhm«, seufzte Linda und überlegte.

Kapitel 7 – Der Irrtum des Straftäters

»Aber es muss eine rote Linie in beide Verfahren hinein«, erklärte ich weiter mein Problem. »Und vor allem muss ich diese Irrtümer auflösen!«

»Hhm«, seufzte Linda wieder. »Da soll nochmal jemand sagen, die Irrtums-Theorien kommen nie vor...«

Ja, soweit waren wir schon einmal gewesen. Denn genau diese Irrtumstheorien waren der Grund der Misere. Diese wilden Konstellationen von Versuch und Irrtum, zu denen wir während des Studiums so viele scheinbar sinnlose, abstrakte Theorien hatten auswendig lernen müssen, machten dieses Verfahren so kompliziert. Es waren die scheinbar trockenen und theoretischen Gebilde, die ich als Studentin verflucht hatte, und von denen ich geschworen hätte, dass sie in der Praxis nie eine Rolle spielen würden, und ohnehin nur zur reinen geistigen Schikane armer Jurastudierender erfunden worden waren. Jetzt musste ich einsehen: auch diese Annahme war ein Irrtum. Denn offenbar konnten auch diese abstrusen Konstellationen in der Praxis auftauchen. Wenn Sie also bis heute dachten, ein Irrtum könnte Sie vor einer Strafe schützen, werden Sie hier eines Besseren belehrt. Auch ein Irrtum ist kein Freifahrtschein. Stattdessen kann ein Irrtum sogar der Grund für eine Strafe sein! Das klingt jetzt völlig verrückt, oder? Meine Oma hätte das jetzt noch einmal anders auf den Punkt gebracht: Dummheit schützt vor Strafe nicht. Rechtlich ist das sogar richtig. Aber diese einfache Weisheit wurde der Komplexität meines Falles allerdings natürlich nicht gerecht.

Das Verfahren – bzw. der erste Teil zweier Verfahren, über dem Linda und ich gerade brüteten – richtete sich gegen Maik Scheu. Maik Scheu war 43 Jahre alt. Er war als Sachbearbeiter in der örtlichen Stadtverwaltung tätig. Maik war nicht verheiratet und hatte keine Kinder. In seiner Freizeit engagierte er sich in einem lokalen Volleyballverein. Jeden Donnerstag spielte er in der sogenannten »Herren-Runde«. Seit einem halben Jahr hatte er außerdem teilweise das Training der Junioren-Damenmannschaft übernommen. Eigentlich war Maik dafür nicht qualifiziert. Er spielte zwar gut Volleyball und hatte in seiner Jugend auch selbst in der Oberliga Turniereinsätze gehabt, aber das war eine ganze Weile her. Erfahrung als Trainer oder gar eine Ausbildung hatte er nicht vorweisen können. Letztlich spielte das für den lokalen Volleyballverein aber keine große Rolle. Der offizielle Trainer der Junioren war gerade selbst Vater geworden und stand deshalb nur noch jede zweite Woche zur Verfügung. Einen adäquaten Ersatz für die ehrenamtliche Arbeit hatte man nicht finden können. Der Vereinsvorstand war deshalb froh gewesen, als Maik sich freiwillig gemeldet hatte. Für Maik war der zeitliche Mehraufwand kein Problem. Familiär war er ungebunden und sein Job in der Stadtverwaltung ging mit überschaubaren Arbeitszeiten in Gleitzeit einher. So konnte er neben seinem eigenen Spieltag in der »Herren-Runde« gut ein regelmäßiges Training für die jungen Mädchen anbieten. Auch zu den Wettkämpfen an den Wochenenden begleitete er »seine« Volleyballerinnen jetzt regelmäßig.

Innerhalb des Vereins war Maik beliebt. Er war niemand, der besonders auffiel oder sich in den Mittelpunkt spielte. Er gehörte dazu und kam mit allen gut aus. Dies sollte sich bei einer Feier schlagartig ändern.

Auf der jährlichen Weihnachtsfeier des Volleyballvereins herrschte ausgelassene Stimmung, es gab Buffet und freie Getränke für alle Vereinsmitglieder. Maik saß an einem langen Tisch mit seinen Team-Kollegen der Herrenrunde. Man hatte sich einige Bier und Schnaps gegönnt und über dies und jenes gesprochen. Irgendwann war das Gespräch auf Maiks Tätigkeit als Trainer der Junioren-Damenmannschaft gekommen. Maik, der sonst wirklich eher zurückhaltend war, hatte sich – vielleicht aufgrund der Wirkung von Bier und Schnaps – mit seiner Tätigkeit gerühmt. Die Mannschaft hätte sich enorm verbessert, seit er das Training unterstütze, sie wären in der Tabelle um einige Plätze nach vorn gerückt, vielleicht hätten sie sogar Chancen auf einen Aufstieg. Und auch die jungen Mädchen hielten große

Stücke auf ihn. Sie hätten großes Vertrauen und würden sich auch mit ihren privaten Problemen an ihn wenden. Dazu zeigte er Fotos der letzten Turniere herum. Weil alle die Bilder sehen wollten, war das Handy von Maik am Tisch der Herren-Runde umhergereicht worden. Besonders lang war es dabei bei Steffen geblieben. Denn Steffen hatte wohl etwas zu weit gewischt. Oder er war im falschen Bilder-Ordner gelandet. Ganz so genau konnte Steffen, der ebenfalls einige Bier und Schnaps getrunken hatte, das am nächsten Tag auch nicht mehr sagen.

Steffen hatte jedenfalls unbeabsichtigt eine verstörende Entdeckung gemacht. Neben den Bildern der Nachwuchsvolleyball-Mannschaft hatte Steffen auf Maiks Handy Nacktbilder gefunden. Es waren erotische Fotos von eindeutig minderjährigen Mädchen. Es handelte sich nicht um die Mädchen aus der Volleyball-Mannschaft. Steffen war nicht einmal sicher, ob es sich um echte Fotos, um Fotomontagen oder eher um Screenshots aus dem Internet handelte. Ganz bestimmt aber konnte er sagen, dass es sich um unbekleidete Kinder und Jugendliche handelte. Auf einem der Bilder führte ein kleines Mädchen deutlich erkennbar Oralverkehr an einem erwachsenen Mann durch. Steffen war innerhalb von Sekunden völlig schockiert und angeekelt. Er war zuerst zu fassungslos gewesen, um Maik direkt auf die Bilder anzusprechen. Er hatte den Home-Button gedrückt, die Bildergalerie geschlossen und Maik sein Telefon wortlos zurückgegeben. Das ergab für ihn alles keinen Sinn. Solch ein widerlicher Schmuddelkram passte doch gar nicht zu Maik. Warum hatte Maik solche Bilder auf dem Handy? Was hatte das zu bedeuten? Dann aber machte Steffen sich Sorgen. Er dachte an die Mädchen der Junioren-Mannschaft und fragte sich, ob Maik wohl noch andere Ziele gehabt haben könnte, als er sich freiwillig als Trainer angeboten hatte. Steffen verließ die Weihnachtsfeier aufgewühlt und deutlich eher als die anderen. Er verbrachte eine schlaflose Nacht.

Weil Steffen auch am nächsten Morgen nicht weiterwusste, wollte er das Thema mit seinen Mannschaftskollegen besprechen. Die kannten Maik schließlich auch schon seit Jahren. Steffen beschloss, Thomas und Christopher ins Vertrauen zu ziehen. Am Tag nach der Weihnachtsfeier, während sie den Veranstaltungsort aufräumten, zog er die beiden zur Seite und erzählte ihnen von seinem Fund. Auch Thomas und Christopher konnten zunächst nicht glauben, was Steffen da gesehen haben wollte. Kinderpornografie auf Maiks Telefon? Das trauten sie ihm eigentlich nicht zu. Aber wenn das doch so sein sollte, konnte man Maik dann weiterhin die jungen Mädchen aus der Mannschaft trainieren lassen? Und hatte Maik sich nicht gestern Abend noch damit gebrüstet, dass die Mädchen ein so gutes Vertrauensverhältnis zu ihm hätten? Dass sie sogar mit ihren privaten Problemen zu ihm kommen würden? Was, wenn Maik das ausnutzen würde? War Maik etwa pädophil? Stellte er vielleicht sogar eine Gefahr für die Mädchen dar? Sie konnten das nicht einfach ignorieren, da waren Steffen, Thomas und Christopher sich einig. Und so schmiedeten sie einen Plan.

»Das haben sie nicht wirklich gemacht!«, hatte Linda entsetzt gerufen, als ich ihr den Fall geschildert hatte. »Warum sind die denn nicht einfach zur Polizei gegangen? Das hätte doch für einen Durchsuchungsbeschluss gereicht und man hätte das Handy beschlagnahmen können!« Natürlich, Linda hatte Recht. Genau das hätten Steffen, Thomas und Christopher tun sollen. Haben sie aber nicht. Sie sind nicht zur Polizei gegangen. Stattdessen beschlossen sie, die ganze Sache selbst in die Hand zu nehmen. Zuerst versuchten sie, an Maiks Handy zu kommen, um die Bilder noch einmal genau zu untersuchen. Obwohl sie das Telefon beim nächsten Training der Herrenrunde tatsächlich heimlich aus dem Spind geholt hatten, scheiterten sie aber an der PIN. Deshalb beschlossen sie, Maik auf die Probe zu stellen. Sie wollten herausfinden, ob ihr Freund wirklich eine Gefahr für die Mädchen der Mannschaft darstellen könnte. Sie hatten eine SIM-Karte gekauft und in ein altes Handy von Steffen gelegt. Dann hatten sie sich in Steffens

Kapitel 7 – Der Irrtum des Straftäters

Hobbyraum zusammengesetzt und ganz ähnlich wie Linda und ich die Köpfe zusammengesteckt.

Pia: *Hallo Maik, hier ist Pia vom Volleyball. Ich wollte nur sagen, dass ich morgen nicht zum Training kommen kann, ich habe eine Zerrung im Oberschenkel. Liebe Grüße*

Der Text leuchtete hell auf dem Display des alten Handys. Steffen schaute noch einmal zu Thomas und Christopher.
»Sollen wir das wirklich machen?«, fragte er. Beide nickten.
»Schauen wir zumindest, ob er anbeißt«, sagte Thomas. Steffen nickte und drückte den Sendebutton. Angespannt zog er Luft durch seine Lippen.
»Ich glaube es nicht«, meinte Thomas und lehnte sich zurück. »Ich kann es mir wirklich nicht vorstellen.«
Thomas war von Anfang an skeptisch gewesen. Er kannte Maik schon seit Jahren und konnte sich beim besten Willen nicht vorstellen, dass sein Freund auf kleine Mädchen stehen oder gar pädophil sein könnte. Hoffentlich würde er nicht anbeißen, dachte Thomas. Doch da leuchtete das Display auf.
»Das ging schnell«, sagte Steffen und öffnete die Nachricht.

Maik: *Das ist doch überhaupt kein Problem. Beim nächsten Mal bist du wieder dabei. Gute Besserung!*

»Er hat angebissen!«, rief Steffen und zeigte den anderen beiden die Nachricht.
»Na dann, leg los!«, sagte Christopher. Steffen begann zu tippen.

Pia: *Ich wäre schon wirklich gern gekommen. Das Training macht so viel mehr Spaß, seit du unser Trainer bist.*

Maik: *Oh wirklich? Dankeschön, das freut mich. Ihr seid aber auch wirklich eine ganz besondere Mannschaft.*

Kapitel 7 – Der Irrtum des Straftäters

Pia: *Ja, wirklich blöd, dass ich jetzt ausfalle. Ich will nicht hinterher hängen. Die anderen sind jetzt schon besser als ich.*

Maik: *Da brauchst du dir doch keine Sorgen machen, du bist toll, so wie du bist und verpasst gar nichts!*

»Siehst du, der macht gar nichts!«, sagte Thomas, der sich noch immer unwohl bei dem Gedanken fühlte, seinen Freund so zu hintergehen.
»Abwarten«, meinte Christopher und machte eine Handbewegung zu Steffen. »Los, schreib weiter!«

Pia: *Danke Maik. Es ist so schön mit dir zu schreiben, ich fühle mich gleich besser.*

Maik: *Kein Problem, ich schreibe auch gern mit dir.*
Maik: *Du bist wirklich wunderbar und solltest dir keine Gedanken machen.*

Pia: *Danke Maik! Aber das ist gar nicht so einfach, wenn man immer die Jüngste und die Kleinste ist... die anderen sind schon viel weiter.*

Maik: *Aber nicht doch, du spielst wirklich schon sehr gut!*
Maik: *Oder meintest du etwas anderes?*

Pia: *Naja, beides irgendwie.*
Pia: *Also das Spielen, aber auch den Rest. Du weißt schon...*

Maik: *Du brauchst dir wirklich keine Sorgen machen. Aber wenn du möchtest, können wir ein Extratraining zusammen machen. Dann können wir nochmal gezielt an deiner Technik arbeiten.*

»Wie meint der das denn jetzt?«, fragte Christopher in die Runde.
»Tja, kann man so nicht sagen.«, meinte Steffen.

Kapitel 7 – Der Irrtum des Straftäters

»Im Moment bietet er ja nur seine Hilfe an!«, verteidigte Thomas seinen Freund.
»Setz einen drauf«, meinte Christopher, »Das muss eindeutiger werden!«

Pia: *Oh ja, sehr gern. Aber würden wir uns dann allein treffen?*

Maik: *Ja klar, warum nicht? Ich treffe mich gern mit dir.*
Maik: *Ich hätte da auch eine spezielle Creme, wenn du möchtest, kann ich sie dir für deine Zerrung geben. Es gibt da so eine Massagetechnik, die regt die Durchblutung an...*

»Das ist nicht sein Ernst!«, rief Christopher, als Steffen ihm die Nachricht zeigte.
»Das heißt doch noch nichts«, meinte Thomas, »Vielleicht will er doch nur helfen.« »Du musst weiterschreiben!«, sagte Christopher. »Und mehr! Da muss mehr Schärfe rein!« Steffen überlegte kurz. Dann tippte er wieder.

Pia: *Würdest du mich massieren?*

Maik: *Na klar.*

Pia: *Mich hat noch nie ein Mann massiert.*

Maik: *Würdest du das denn wollen?*

Pia: *Ja. Ich wüsste gern, wie es sich anfühlt.*

Maik: *Es würde sich bestimmt gut anfühlen. Ich massiere sehr gut. Ich habe sehr einfühlsame Hände...*

Pia: *Wo würdest du mich denn massieren?*

Maik: *Wo auch immer du möchtest.*

»Und jetzt?«, fragte Steffen und sah die anderen beiden an. Thomas sagte nichts. Er starrte gebannt auf das Handydisplay. Jetzt bekam auch er Zweifel an seinem Freund. »Schreib, dass du Jungfrau bist!«, sagte Christopher. »Dann wissen wir es.«

Pia: *Ich bin noch Jungfrau.*

Maik: *Das ist doch kein Problem.*

Pia: *Ich wäre es gern nicht mehr.*
Pia: *Es ist mir so peinlich, ich werde in drei Wochen schon 14 und alle anderen haben es schon hinter sich. Und ich wüsste auch gern, wie es ist.*

Dann explodierte der Chat. In den folgenden Nachrichten bot Maik an, Pias »Problem« zu lösen. Er sei erfahren und einfühlsam, könne ihr gern alles zeigen und erklären, was sie noch nicht wüsste.

»Es reicht«, meinte Steffen. »Wir müssen zur Polizei. Der macht wirklich ernst hier.«
»Bist du sicher?«, zweifelte Thomas.
»Ja, das siehst du doch!«, rief Christopher. »Es ist so widerlich!« Thomas fuhr sich durch die Haare. »Ich kann mir das einfach nicht vorstellen bei ihm!«
Dann hatte Christopher eine Idee. »Gib mal kurz her«, sagte er und griff nach dem Handy. Dann lud er ein Bild aus dem Internet. Es zeigte ein nacktes Mädchen auf einer Couch. »Hier. Das schicken wir ihm jetzt.«
»Aber das ist doch nicht Pia«, sagte Steffen, »das merkt der doch.«
Christopher öffnete die Bildbearbeitungsfunktion. »Wir schicken nur einen Bildausschnitt. Jetzt sieht es aus wie ein Selfie von oben.«

Kapitel 7 – Der Irrtum des Straftäters

»Das haben die nicht gemacht!«, rief Linda, als sie das Bild in der Akte sah. Ich hatte ihr gerade den Chatverlauf zwischen Maik und Pia gezeigt, der als Beweismittel Teil meiner Akte war. »Doch haben sie«, antwortete ich resigniert. »Sie haben es nur gut gemeint. Aber sie hätten wirklich besser zur Polizei gehen sollen.«

Linda schüttelte den Kopf. »Das ist strafbar!«, rief sie. Natürlich war das strafbar. Daher resultierte das zweite Verfahren und mit ihm mein menschliches Problem. Denn § 184c Abs. 1 Strafgesetzbuch stellt die Verbreitung eines Inhalts, der eine ganz oder teilweise unbekleidete jugendliche Person in aufreizend geschlechtsbetonter Körperhaltung wiedergibt, unter Strafe. Steffen, Christopher und Thomas hatten sich der Verbreitung von jugendpornografischen Schriften strafbar gemacht. Natürlich war ihnen das in dem Moment nicht bewusst gewesen. Natürlich hatten sie nicht gewusst, dass das Gesetz ihr Verhalten unter Strafe stellen würde, auch wenn sie doch eigentlich nur den eigentlichen Straftäter überführen wollten. Aber Unwissenheit schützt vor Strafe nicht. Da ist das Gesetz eindeutig.

§ 17 Strafgesetzbuch behandelt den sogenannten Verbotsirrtum und sagt, »*dass ein Täter, der über die Strafbarkeit seiner Handlung irrt, nur dann straflos ist, wenn der Irrtum nicht zu vermeiden war.*« Das war er hier natürlich nicht. Denn eine einfache Recherche oder ein Anruf bei einem Anwalt hätten den drei Herren den richtigen Weg gezeigt: Zur Polizei und nicht zu Nacktbildern im Online-Chat. Die Krux an diesem Fall war aber letztlich nicht nur, dass Steffen, Thomas und Christopher sich selbst strafbar gemacht hatten, obwohl sie glaubten, das Richtige zu tun. Das viel größere Problem war, dass sie anschließend das weitere Verfahren gegen Maik vor die Wand fuhren. Sollte hier etwa derjenige, der wirklich Dreck am Stecken hatte, straflos ausgehen?

Kapitel 7 – Der Irrtum des Straftäters

Maik hatte das Bild der vermeintlich nackten Pia direkt aufgenommen. Ich habe den kompletten Chat mit der vermeintlichen Pia in der Originalfassung in meiner Akte gelesen und mir ist wirklich fast übel geworden. Denn es zeichnete sich jetzt ganz eindeutig ab, dass Maik hier eindeutige Interessen hatte. Er schilderte sehr detailliert, wie er dem Mädchen beim Verlust der Jungfräulichkeit »helfen« könne. Ich erspare Ihnen jetzt die Details. Denn ich gehe davon aus, dass auch Sie bei dem Gedanken an ein 13-jähriges Mädchen und einen deutlich über 40-jährigen Mann keine Schilderungen von Oralsex und Penetration lesen möchten. Letztlich schickte auch Maik mehrere Bilder von sich selbst. Nackt. Mit erigiertem Glied. Ich sage Ihnen, obwohl ich bei der Staatsanwaltschaft schon einiges an Kinderpornografie hatte ansehen müssen, war das für mich keine leichte Kost. Allein der Gedanke, dass der Angeklagte hier davon ausging, mit einem real existierenden 13-jährigen Mädchen zu kommunizieren, das ihm von Eltern und Verein zum Training anvertraut worden war, lässt mich heute noch schaudern. So war es wohl auch Steffen, Christopher und Thomas gegangen. Unmittelbar nachdem Maik begonnen hatte, Nacktbilder von sich zu schicken, war ihnen der Kragen geplatzt. Sie beschlossen, zu Maik zu fahren und ihn zu konfrontieren. Nur mit Mühe konnten die Freunde Christopher davon abhalten, Maik zu Boden zu ringen und auf ihn einzutreten. Nachdem die drei Maik mit dem Vorwurf konfrontiert hatten und den gefakten Chat offenlegten, fuhren sie endlich zur Polizei. Zu spät, wie sich herausstellen sollte.

Die örtliche Polizeidienststelle hatte die Anzeige sofort zu Protokoll genommen. Das Handy, das die Männer für ihre Überführung genutzt hatten, wurde als Beweismittel sichergestellt. Für Maiks Wohnung wurde umgehend ein Durchsuchungsbeschluss nach seinem Telefon, anderen technischen Geräten und natürlich nach kinder- und jugendpornografischem Material aller Art beantragt. Als die Polizei aber in Maiks Wohnung eintraf, war es bereits zu spät. Maik war durch die Aktion seiner Freunde vorgewarnt gewesen. Sein

Telefon war nicht auffindbar. Die Festplatte des Laptops in Maiks Schlafzimmer war leer. Er habe ihn lange nicht genutzt, erklärte Maik ausweichend. Sein Handy wollte er verloren haben. Darüber hinaus machte Maik von seinem Aussageverweigerungsrecht Gebrauch. Zu den Tatvorwürfen äußerte er sich nicht. Die Bilder und Videos, die Steffen während der Weihnachtsfeier gesehen haben wollte, die gab es nicht mehr. Weiteres Material, das Maik vielleicht auf seinem Laptop gehabt hatte, war unwiderruflich gelöscht. Falls es andere Chats und Kontakte zu jungen Mädchen gegeben hatte, hatte Maik erfolgreich die Spuren verschwinden lassen. Alles, was Linda und ich in der Akte fanden, waren die Aussagen von Steffen, Christopher und Thomas und der Chat mit Pia. Und hier lag der Hase im Pfeffer. Denn für die rechtliche Beurteilung dieses Chats mussten wir ordentlich Gehirnjogging betreiben.

»Der Chat mit Pia ist das Einzige, was noch zu beweisen ist«, sagte ich und goss mir noch eine zweite Tasse Kaffee ein. »Was für eine Schande, es hätte so viel mehr sein können.«

Linda nickte. »Jetzt musst du also jemanden bestrafen, der hereingelegt worden ist. Einen Täter, der nur denkt, dass er eine Tat begangen hat.«
Ich nickte. »Weil es Pia in Wirklichkeit ja gar nicht gegeben hat. Zumindest nicht in diesem Chat. Das ist ja wie ein Irrtum nur anders herum. Oder ein Versuch?« Ich stöhnte.
»Warte mal, das ist doch eigentlich wie die Tötung einer Leiche!« Linda hatte recht. Die Tötung einer Leiche. Das war auch so ein Fall aus dem Studium, von dem wirklich alle Studierenden denken, dass er niemals im wahren Leben vorkommt. Aber genau das war es! Maik hatte im Grunde eine Leiche getötet. Das mag verrückt klingen, denn es bestehen keine Zweifel, dass man eine Leiche nicht töten kann. Aber man kann es versuchen. Weil man zum Beispiel auf einen toten Menschen schießt, von dem man glaubt, dass er noch

lebt. Genauso wie man versuchen kann, ein 13-jähriges Mädchen zum Sex zu verführen, obwohl das 13-jährige Mädchen in Wahrheit ein 43-jähriger Mann ist. Aber ist das strafbar? War es strafbar, ein 13-jähriges Mädchen verführen zu wollen, obwohl keine konkrete Gefahr für das Mädchen besteht? Oder anders gefragt, ist es strafbar, eine Leiche zu töten? Oder ist das doch nur juristischer Humbug?

Ich möchte Sie vorwarnen, es wird jetzt etwas kompliziert. Aber das sollte es wohl auch, wenn es zwei Richterinnen so sehr ins Grübeln bringt, wie Linda und mich. Linda und ich mussten zur Beantwortung dieser (wirklich!) schwierigen Frage zwei theoretische Bereiche beleuchten: den des Versuchs und den des Irrtums. Den Versuch brauchten wir, weil wir in unserem Fall kein vollendetes Delikt haben, das wir bestrafen könnten. Die Leiche stirbt eben nicht zweimal. Das ist erst einmal nicht weiter schlimm, denn grundsätzlich setzt eine Verurteilung wegen einer Straftat nicht immer eine vollendete Tat voraus. Es gibt Taten, da genügt schon der Versuch der Tat. Nach § 23 Abs. 1 Strafgesetzbuch ist der Versuch eines Verbrechens immer strafbar, der Versuch eines Vergehens hingegen nur dann, wenn das Gesetz es ausdrücklich bestimmt. Was bedeutet das denn nun? Das ist noch recht einfach: Ein Verbrechen ist nach § 12 Strafgesetzbuch eine rechtswidrige Tat, die mit mindestens einem Jahr Freiheitsstrafe bedroht ist. Gäbe es für die vollendete Tat also Minimum ein Jahr Freiheitsstrafe, ist auch der Versuch immer strafbar. Im Fall der erschossenen Leiche wäre der versuchte Mord also definitiv strafbar. Das muss nirgendwo gesondert aufgeschrieben werden. Denn für den vollendeten Mord gibt es natürlich immer mehr als nur ein Jahr Freiheitsstrafe.

Das gilt auch für den sexuellen Missbrauch von Kindern. Auch der ist mit einer Mindeststrafe von nicht unter einem Jahr ein sogenanntes Verbrechen. Was aber nun, wenn das vermeintliche Kind gar kein Kind ist? Wenn man also quasi auf die Leiche geschossen hat? Diese Frage kombiniert nun das Feld des Versuchs mit den Problemen des

Kapitel 7 – Der Irrtum des Straftäters

Irrtums. Denn es handelt sich um einen sogenannten untauglichen Versuch. Jetzt wird es kompliziert. Ein Versuch ist dann untauglich, wenn er nicht gelingen kann, weil tatsächliche Voraussetzungen der Tat nicht vorliegen, die der Täter aber irrig für gegeben hält. Weil es also etwa an der Tötung eines Menschen fehlt (der ja schon tot ist), ohne dass der Täter das erkennt. Grundsätzlich ist auch ein solcher untauglicher Versuch strafbar. Denn die Rechtsprechung des Bundesgerichtshofs – Sie erinnern sich, unser Buddha – folgt der sogenannten subjektiven Theorie. Danach ist es für die Strafbarkeit eines Versuchs ausreichend, dass der Täter auf Grundlage seiner Vorstellung von der Tat zur Verwirklichung unmittelbar ansetzt. Wenn der Täter also glaubt, dass die Leiche noch lebt, kann er versuchen, sie zu töten. Zumindest rechtlich. Das klingt verrückt, oder? Denn das heißt, dass es völlig egal ist, ob ich auf einen lebenden oder toten Menschen schieße, solange ich mir nur vorstelle, dass mein Opfer noch getötet werden kann. Das heißt auch, dass die Strafbarkeit schon ins Vorfeld einer Rechtsverletzung gezogen wird. Es wird also etwas bestraft, was überhaupt nicht hätte passieren können. Denn bei einem Schuss auf einen toten Menschen besteht ja abstrakt zu keinem Zeitpunkt die reale Gefahr einer Tötung.
Genauso wie für Pia niemals eine Gefahr bestanden hat, weil Pia tatsächlich nicht eine einzige Nachricht von Maik bekommen hat.

Vielleicht verstehen Sie an dieser Stelle nur noch Bahnhof. Dann grämen Sie sich bitte nicht! Es geht Ihnen jetzt wie etwa zwei Dritteln der Jurastudierenden im dritten Semester. Mich selbst damals eingeschlossen. Vielleicht entwickeln Sie jetzt aber auch ein Störgefühl und fragen sich, ob denn das so richtig sein kann. Falls Sie aber darüber hinaus auch kritisch darüber nachdenken, ob die Strafbarkeit der versuchten Tötung von Leichen denn nun gerecht oder doch falsch ist, kann ich Sie beglückwünschen. Dann turnen Sie am »juristischen Hochreck«. Und Sie befinden sich in prominenter Gesellschaft. Denn obwohl der Bundesgerichtshof grundsätzlich unser juristischer Buddha ist, gibt es manchmal Kritik an seinen Lösungen.

Kapitel 7 – Der Irrtum des Straftäters

So ist das auch in diesem Fall. Zur Frage der Strafbarkeit des untauglichen Versuchs gibt es viele weitere Ansichten, andere Theorien und durchaus kritische Stimmen. Das würde nun aber wirklich zu weit führen. Zumindest für dieses Buch und für diesen Fall. Außerdem hatten Linda und ich noch ein ganz anderes Problem.

»Hat er denn aber überhaupt schon zur Tat angesetzt?«, fragte Linda. Sie spielte damit auf eine der Voraussetzungen an, unter denen ein Versuch strafbar ist. Die Strafbarkeit eines Versuchs setzt neben der Vorstellung des Täters vom Tathergang nämlich auch das sogenannte unmittelbare Ansetzen voraus. Der Täter muss einen konkreten Tatplan haben und dann etwas tun, das die Tat in Gang setzt, sodass es keiner wesentlichen Zwischenschritte mehr zum Taterfolg bedarf.

»Bei der erschossenen Leiche ist das ja klar. Wer einmal die Kugel abfeuert, der versucht zu töten. Aber wann setzt man denn zum Missbrauch an? Wenn man das Kind noch nicht einmal sieht und vor sich hat?«, überlegte Linda laut. Wir diskutierten. Kann man zu einem Missbrauch ansetzen, ohne das Opfer überhaupt getroffen zu haben? Oder liegt aufgrund des räumlichen und zeitlichen Abstands eine Zäsur vor? Handelt es sich doch nur um eine straflose Vorbereitungshandlung?

»Es kann doch aber nicht sein, dass der damit durchkommt!«, stöhnte ich verzweifelt. »Es MUSS strafbar sein! Es MUSS! Alles andere wäre doch einfach völlig falsch.«

Beim dritten Kaffee fanden Linda und ich die Lösung. Tatsächlich war es gar nicht nötig, die Rechtsprechung samt ihrer Theorien zu Versuch und Irrtum weiter zu analysieren. Denn nicht nur wir, sondern auch der Gesetzgeber hatte zwischenzeitlich erkannt, dass sich bestimmte Fälle im Bereich des versuchten sexuellen Missbrauchs wirklich schwer lösen ließen. Dass es straflos bleiben sollte, Minderjährige zu kontaktieren, um sie sexuell zu missbrauchen, hatten wohl nicht nur wir als unbefriedigend empfunden. Deshalb war zwischenzeitlich das Gesetz angepasst und eine Lösung des Problems eingefügt worden. Mit Wirkung zum 1. Juli 2021 hat der Gesetzgeber einen neuen Straftatbestand eingeführt, der perfekt zu unserem Fall zu passen schien: Der § 176b Strafgesetzbuch stellt bereits die sogenannte Vorbereitung des sexuellen Missbrauchs von Kindern unter Strafe. Mit Freiheitsstrafe von drei Monaten bis zu fünf Jahren wird bestraft, »wer auf ein Kind durch einen Inhalt einwirkt, um das Kind zu sexuellen Handlungen zu bringen, die es an oder vor dem Täter, an oder vor einer dritten Person vornehmen oder vornehmen lassen soll.« Das war perfekt für unseren Fall. Natürlich werden Sie auch jetzt wieder kurz stutzen: Denn wir reden für unseren Fall ja immer noch nicht von einem richtigen Kind, sondern von Steffen, Christopher und Thomas, die die Nachrichten erhalten haben. Damit sind wir noch immer im Bereich des Versuchs. Und der war ja nur bei Verbrechen, also bei einer Mindestfreiheitsstrafe von einem Jahr möglich, oder? Auch das hat der Gesetzgeber aber bedacht. Er hat im § 176b Abs. 3 Strafgesetzbuch nämlich weiter geregelt, dass auch der Versuch der Tat strafbar sein soll. Zumindest dann, wenn die Vollendung der Tat allein daran scheitert, dass der Täter irrtümlicherweise annimmt, sein Einwirken beziehe sich auf ein Kind. Und das war ja nun wirklich genau unser Fall! Was für ein Fund, den Linda und ich da gemacht hatten. Wie verrückt, dass es diese Norm zur Zeit unseres Studiums noch gar nicht gegeben hatte. Und welch glückliche Fügung, dass der Gesetzgeber sie für meinen Fall gerade noch rechtzeitig in das Strafgesetzbuch aufgenommen hatte! Der Gesetzgeber hat für unseren Fall im Übrigen sogar noch einen Joker obendrauf gesetzt: nicht nur der Versuch der Vorbereitung des sexuellen Missbrauchs von Kindern, sondern auch schon der Versuch der Einwirkung auf ein Kind durch einen pornografischen Inhalt und durch entsprechende Reden ist mit dem ebenfalls neu eingeführten § 176a Strafgesetzbuch strafbar.

So konnte zumindest der Chat von Maik mit der vermeintlichen Pia geahndet werden. In einer dann doch recht unkomplizierten Verhandlung verurteilte ich Maik zu einer Freiheitsstrafe von sieben Monaten. Die Vollstreckung habe ich zur Bewährung ausgesetzt, weil es sich um die erste Verurteilung des noch nicht vorbestraften Maik handelte. Eine andere Entscheidung wäre bei allem Missfallen zu Maiks Versuch in diesem Fall nicht vertretbar gewesen. Im Rahmen der Bewährungsauflagen sorgte ich dafür, dass Maik noch ein wenig länger festgehalten wurde. Maik erklärte sich bereit, alle zwei Wochen einen Psychotherapeuten zur Aufarbeitung seiner Problematik aufzusuchen und keinerlei Tätigkeiten im Zusammenhang mit Minderjährigen mehr nachzugehen. Ich erklärte ihm deutlich: Würde er sich daran nicht halten oder sich noch einmal strafbar machen, würde ich die Bewährung unverzüglich widerrufen. Natürlich führte meine Verurteilung auch zu einer entsprechenden Eintragung im Bundeszentralregister und damit in Maiks Führungszeugnis. Zumindest künftige Arbeitgeber könnten dadurch sensibilisiert werden. Selbst wenn er es versuchen wollte, würde er so als Jugendtrainer hoffentlich keine Chance mehr haben.

Mit Maiks Verurteilung waren allerdings noch immer nicht alle Probleme des Falles gelöst. Denn Sie erinnern sich vielleicht: auf meinem Schreibtisch waren zwei Strafverfahren gelandet. Das erste richtete sich gegen Maik, das zweite gegen die »drei Rächer der Gerechtigkeit«. Denn auch Steffen, Christopher und Thomas hatten sich wider Erwarten strafbar gemacht. Die drei, die eigentlich nur hatten helfen und die Mädchen der Junioren-Volleyballmannschaft hatten schützen wollen, waren ebenfalls angeklagt worden. Das hatte sowohl den Volleyball-Verein als auch die lokale Presse in Aufruhr versetzt. »Strafe für unsere Helden?«, hatte das örtliche Amtsblatt schon vor der Verhandlung getitelt und der Justiz vorgeworfen, nun auch mutige Zivilcourage ahnden zu wollen. Mutige Zivilcourage ist nicht strafbar. Das wusste auch die Staatsanwaltschaft. Sie hatte die drei Herren auch nicht allein deshalb angeklagt, weil sie zur Selbst-

Kapitel 7 – Der Irrtum des Straftäters

justiz statt zum Notruf gegriffen hatten. Sie legten ihnen den Besitz und die Verbreitung jugendpornografischer Schriften nach § 184b Strafgesetzbuch zur Last. Darüber waren die drei mehr als schockiert. Und mit ihnen die Presse und der Volleyballverein. Aber wie man es auch drehte und wendete, der Tatvorwurf war schlicht nicht von der Hand zu weisen. Ob es mir also passte oder nicht, musste ich auch das Hauptverfahren gegen Steffen, Christopher und Thomas eröffnen.

Die Verhandlung war rechtlich nicht besonders schwer, menschlich aber doch herausfordernd. Denn ich konnte die drei – auch wenn sie nicht alles richtig gemacht haben – grundsätzlich verstehen. Aber auch das schützt leider nicht vor einer Strafe. Vor dem Druck der anwesenden Presse war es gar nicht so einfach, unbeeindruckt und konsequent meinen Job zu machen und einfach nur sauber das Recht anzuwenden. Ich war Kameras und Blitzlicht auf dem Weg zum Verhandlungssaal in meiner Rolle als Richterin überhaupt noch nicht gewohnt. Aber ich habe die drei trotzdem schlicht nach dem Gesetz verurteilt. Zum Glück konnte ich dabei aber berücksichtigen, was für einen abstrusen Hintergrund ihre Tat gehabt hatte. Ich konnte die gesetzlich vorgesehene Strafe aufgrund der besonderen Absicht der drei erheblich mildern. Auch die drei Herren waren zum Glück noch nicht vorbestraft. So konnte ich sie zu einer Geldstrafe verurteilen. Auch diese habe ich zur Bewährung ausgesetzt. Das nennt man eine Verwarnung mit Strafvorbehalt. § 59 des Strafgesetzbuches eröffnet diese Möglichkeit. Das bedeutet, dass die drei Freunde die Geldstrafe nur zahlen müssen, wenn sie sich erneut etwas zuschulden kommen lassen. Falls nicht, genügt der »Warnschuss«. Für Steffen, Thomas und Christopher blieb ich dabei unterhalb der magischen Grenze von 90 Tagessätzen. Damit würde es für die drei keine Eintragung ins Führungszeugnis geben. Trotz allen Kopfzerbrechens konnte ich mit diesem Ergebnis letztlich doch ganz gut leben. Auch die Berichterstattung in der Presse beruhigte sich nach dem zweiten Urteil recht schnell. Auch wenn der ein oder andere Artikel es aussehen lassen wollte, als hätten die drei ihr Verfahren »gewonnen«, weiß ich aus der Verhandlung, dass sie ihr unbedachtes Verhalten im Nachhinein sehr bereut haben und sich gewünscht hätten, doch einfach gleich die Polizei verständigt zu haben.

Trotzdem hat mir das Verfahren noch lange Zeit schwer im Magen gelegen. Das Gefühl, dass Maik womöglich mit einer Vielzahl weiterer Taten davongekommen war, weil sein Telefon nicht hatte beschlagnahmt werden können, das Wissen, dass er das Vertrauen, dass ihm sein Verein aber auch die Eltern der Mädchen entgegengebracht hatten, so gnadenlos ausgenutzt hatte, die Erkenntnis, dass niemand – nicht einmal seine Freunde – es hatten kommen sehen oder glauben wollen, das beunruhigt mich bis heute.

Kapitel 8
Das Fahrlässigkeitsdelikt

§ 15 Strafgesetzbuch

Strafbar ist nur vorsätzliches Handeln, wenn nicht das Gesetz fahrlässiges Handeln ausdrücklich mit Strafe bedroht.

»Frau Stahl, Sie müssen Ihre Verhandlung sofort unterbrechen!«, rief der Justizwachtmeister, der gerade ohne Ankündigung in meinen Sitzungssaal geplatzt war. Ich sah ihn mit großen Augen an. »Aber warum denn?«, fragte ich. »Wir müssen ein sicherheitsrelevantes Objekt überprüfen.« Ich hatte keinen blassen Schimmer, was er damit meinte, aber er schien es ernst zu meinen. »Vor Ihrem Büro! Jetzt sofort!«, verdeutlichte er. Ich erhob mich sofort. Ich wusste gar nicht so recht, was zu tun war. Ging es um eine Räumung des Gebäudes? Aber wieso hatte es dann keinen Alarm gegeben?

»Natürlich, ich lasse den Saal sofort räumen«, antwortete ich und forderte die im Saal anwesenden Personen mit einer Handbewegung dazu auf, den Saal zu verlassen.

»Sie müssten aber bitte trotzdem mitkommen, Frau Stahl, Sie sind persönlich betroffen.« Jetzt verstand ich gar nichts mehr. Ich war persönlich betroffen? Von einem sicherheitsrelevanten Objekt? Direkt vor meinem Büro? Was zur Hölle war passiert? Seit meinem Beginn beim Amtsgericht hatte es noch keinen solchen Vorfall gegeben. Oder war das etwa eine Art Übung?

»Vor Ihrer Bürotür befindet sich ein verdächtiges Paket«, erläuterte der Wachtmeister, als alle den Saal verlassen hatten. Bitte was?! Ich konnte mir weiß Gott nicht vorstellen, dass jemand einen Anschlag auf mich beabsichtigt hatte, aber eine andere Erklärung für ein Paket vor meinem Büro hatte ich auch nicht. Ich hatte bis eben nichts ahnend im Sitzungssaal verhandelt. In meinem Büro war ich in den letzten Stunden gar nicht gewesen. »Sind Sie sicher, dass keine Verwechslung vorliegt?«, fragte ich deshalb. »Absolut. Es handelt sich um Zimmer 307«, antwortete der Wachtmeister. Tatsächlich, das war mein Büro. »Haben Sie eine Erklärung für das Paket?«, wollte er wissen. »Nein, absolut nicht«, antwortete ich und war nun auch wirklich besorgt. Was passierte hier? Es war doch wohl nicht jemand in Gefahr? Oder doch? Der Wachtmeister geleitete mich nach draußen. »Haben Sie Ihr Büro während der Verhandlung abgeschlossen?«, wollte er noch wissen.

»Natürlich«, antwortete ich und griff reflexartig in die Seitentasche meiner Robe. Ja, da war er, mein elektrischer Schlüssel. Ich konnte mich auch noch erinnern, wie ich mal wieder mit einem Berg Akten auf dem Arm die Tür verriegelt hatte. Der Wachtmeister gab die Informationen über Funk an jemanden durch. Wenige Minuten später erschienen mehrere Polizeibeamte und begannen den Gebäudeflügel, in dem sich mein Büro befand, zu räumen. Einen Alarm hatte es aber immer noch nicht gegeben. Ich wartete vor dem Gebäude und zerbrach mir den Kopf, wer da nur ein Paket vor meinem Büro drapiert haben könnte. Ich muss zugeben, ich war schon ein bisschen schockiert, dass ausgerechnet ich betroffen sein sollte. Mir war klar, dass ich auch als Strafrichterin nicht Everybody's Darling sein würde, aber ich hatte mich innerhalb des Gerichts doch immer recht sicher gefühlt. Jetzt gerade war das nicht mehr so. Vor dem Gericht hielt ein weiteres Polizeiauto. Eine Polizistin führte einen Hund aus dem Fahrzeug und verschwand mit ihm im Gericht. Wie sich später herausstellte, handelte es sich um einen Sprengstoffspürhund, der das Paket vor meinem Büro untersuchen sollte.

Kapitel 8 – Das Fahrlässigkeitsdelikt

Der Sammelplatz vor dem Gericht füllte sich zunehmend. Richterinnen, Richter, Anwältinnen und Anwälte, aber auch Bürokräfte verließen das Gericht und beobachteten aus sicherer Entfernung das Gebäude.

»Ist das eine Übung?«, wurde immer wieder gefragt.
»Nein, es soll um ein gefährliches Paket gehen«, wurde zurückgetuschelt.
»Aber wie soll denn ein Paket in das Gericht kommen?«, hörte ich jemanden tuscheln. Das fragte ich mich allerdings auch. Wie konnte ein so suspekter Gegenstand wie ein verschlossenes Paket vor mein Büro gelangen? Es gab schließlich Sicherheitsvorkehrungen.

Ich überlegte. Grundsätzlich gibt es in jedem Gericht eine Einlasskontrolle. Das gilt auch für unser Gericht. Durch eine Schleuse und mit Detektoren per Hand werden alle Personen, die das Gericht betreten wollen, samt ihrer Taschen und Rucksäcke kontrolliert. Dabei werden gefährliche Gegenstände abgenommen und am Eingang verwahrt. Ein verschlossenes Paket wäre entweder geöffnet und überprüft worden oder man hätte es nicht mit hineinnehmen dürfen. Wenn man trotzdem etwas in ein Gericht hineinschmuggeln möchte, gibt es im Grunde nur drei Möglichkeiten: Entweder müsste man das Paket so geschickt am Körper tragen, dass es bei der Einlasskontrolle übersehen werden würde. Das konnte ich mir bei der Größe des Pakets aber wirklich nicht vorstellen. Ich hatte es gesehen; es war zwar nicht riesig, aber dennoch zu sperrig, um als Übergewicht durchzugehen. Als zweite Möglichkeit kämen Mitarbeiter in Frage. Denn die Angestellten werden nicht jeden Tag überprüft. Auch Anwältinnen und Anwälte genießen im Übrigen freies Geleit. Ihre Aktenkoffer bleiben zum Schutz ihrer Mandanten ebenfalls verschlossen. Das wäre die dritte Möglichkeit, ein Paket in ein Gericht zu schmuggeln: Man müsste Anwalt sein. Auch das konnte ich mir aber beim besten Willen nicht vorstellen. Warum sollten meine

Kapitel 8 – Das Fahrlässigkeitsdelikt

eigenen Kollegen oder gar die Anwälte gefährliche Pakete in das Gericht schmuggeln? Noch dazu vor mein Büro? Ich war als Strafrichterin bestimmt nicht bei allen beliebt, aber echte Feinde hatte ich mir noch nicht gemacht. Oder etwa doch? Oder wäre es vielleicht möglich, ein Paket mit einem Paketdienstboten in das Gericht liefern zu lassen? Würde der an der Sicherheitskontrolle durchgelassen werden? Kommen Paketboten hier überhaupt rein? Wohl eher nicht, denn schließlich konnte man sich ja auch keine Pizza bis ins Büro liefern lassen. Oder hatte das nur noch niemand versucht? Während ich darüber nachdachte, kam mir langsam aber sicher ein furchtbarer Verdacht. Denn es gab tatsächlich einen Paketdienstboten, der gar nicht gut auf mich zu sprechen war. Erst vor wenigen Tagen hatte ich mit ihm verhandelt und er war mit dem Ausgang der Verhandlung alles andere als glücklich gewesen. Aber würde er tatsächlich so weit gehen? Hatte er ein gefährliches Paket direkt vor meine Bürotür geliefert? Und ging so etwas überhaupt?

Fluchend hatte Dennis Licht meinen Verhandlungssaal verlassen. Seine Anwältin war wenige Schritte hinter ihm gegangen. »Es tut mir sehr leid, Herr Licht«, hatte sie versucht, ihn zu besänftigen. »Aber ich hatte Ihnen ja gesagt, dass das passieren kann.«
Dennis war den Gang entlang gestapft, auf dem auch ich zurück zu meinem Büro gelaufen war.
»Wir können Ihre Forderung zivilrechtlich geltend machen. Die Entscheidung des Gerichts ist dafür nicht von Belang«, hatte ich seine Anwältin erklären hören.

Dennis war stehen geblieben. »Das war aber nicht mein Ziel!«, hatte er gerufen, »ich wollte doch eigentlich Geld bekommen und nicht noch draufzahlen! Nur deshalb haben wir den ganzen Aufwand doch betrieben!«
Dann war Dennis mit seiner Anwältin um die nächste Ecke verschwunden.

Kapitel 8 – Das Fahrlässigkeitsdelikt

Dennis Licht war ein sogenannter Adhäsionskläger in einem Strafverfahren vor meinem Gericht. Ein Adhäsionskläger ist jemand, der ein Adhäsionsverfahren betreibt, also jemand, der in einem Strafverfahren einen zivilrechtlichen Anspruch geltend macht. Um das zu verstehen, müssen wir einen kurzen Blick auf den Zweck von Strafrecht und Zivilrecht werfen. Strafrecht und Zivilrecht sind nämlich zwei Paar Schuhe, die man nicht verwechseln sollte: Das Strafrecht hat das Ziel, für eine strafbare Handlung eine Strafe auszusprechen. Wer dem ungeliebten Nachbarn die Reifen des Autos zersticht, macht sich einer Sachbeschädigung schuldig. Dafür gibt es eine Strafe. Nach § 303 Strafgesetzbuch kann die Strafe je nach Schwere der Schuld zwischen einer Geldstrafe und einer Freiheitsstrafe bis zu zwei Jahren variieren. Nehmen wir an, unser Straftäter würde mit einer Geldstrafe bestraft. Dann erhält dieses Geld nicht etwa der Nachbar, dessen Auto nun einen Platten hat. Denn Zweck der Geldstrafe ist allein, wie der Wortlaut schon sagt, die Strafe. Sind dem Nachbarn durch die Tat Schäden entstanden, zum Beispiel die Kosten für die Anschaffung eines neuen Reifens, so muss er die in einem Zivilprozess geltend machen. Denn das wäre dann Schadensersatz und der Anspruch auf Schadensersatz ist zivilrechtlich begründet. Weil diese Trennung von Straf- und Zivilrecht zumindest manchmal zu einer Doppelbelastung der Gerichte führt, wurde das sogenannte Adhäsionsverfahren eingeführt. Nach § 403 Strafprozessordnung kann danach ein Verletzter aus einer Straftat einen vermögensrechtlichen Anspruch, der aus der Straftat erwachsen ist, schon im Strafverfahren geltend machen. Der Strafrichter kann bei einem solchen Antrag also nicht nur über die passende Geldstrafe für die Sachbeschädigung des Autos entscheiden, sondern auch gleich darüber, ob der Täter die Werkstattrechnung des Opfers zahlen muss. Das ist ein bisschen wie Shampoo und Conditioner in einem. Meistens aber leider auch von ähnlicher Qualität.

Auch Dennis hatte also einen zivilrechtlichen Anspruch in einem Strafprozess durchsetzen wollen. Er hatte – als Opfer einer Straftat –

einen Antrag auf Schmerzensgeld gestellt. Sein Adhäsionsantrag und auch das Strafverfahren, in dem ich hatte entscheiden müssen, richteten sich gegen Tobias Hausschild. Er war der Angeklagte in dem Strafprozess, den ich wenige Minuten vor Dennis' Gespräch mit seiner Anwältin, beendet hatte. Genau wie Dennis war auch Tobias das erste Mal vor Gericht erschienen. Tobias Hausschild war 38 Jahre alt und bislang nicht vorbestraft. Es war das erste Strafverfahren, das je gegen ihn geführt worden war. Tobias lebte zusammen mit seiner Freundin und dem gemeinsamen Hund Natcho in einer Maisonette-Wohnung in der Innenstadt. Tobias arbeitete viel, er war Ingenieur im Bereich der Instandhaltung bei einem großen Fahrzeugproduzenten. Tobias war erfolgreich, aber er hatte bisweilen einen ganz schön anstrengenden Job mit langen Arbeitstagen. So war es wohl auch zu der angezeigten Tat gekommen. Am Morgen der Tat war Tobias völlig übermüdet aus dem Werk nach Hause gefahren. Am Abend zuvor hatte es eine große Havarie an einer Anlage gegeben. Die ganze Nacht über hatte er mit seinem Team gearbeitet, um die Anlage wieder produktionsfähig zu machen. Der Produktionsausfall an nur einem einzigen Tag hätte einen finanziellen Schaden in Höhe von mehreren Hunderttausend Euro für das Unternehmen verursacht. Sie können sich also vorstellen, dass Tobias in der letzten Nacht unter einigem Druck gestanden hatte. Entsprechend müde und erschöpft war Tobias auf dem Heimweg gewesen. Gleichzeitig hatte er es furchtbar eilig gehabt. Denn er musste dringend nach Hause. Seine Freundin war zu einer Fortbildung unterwegs und Natcho, der gemeinsame Hund, war allein in der Wohnung geblieben. Tobias hatte am Abend, als er den Notruf aus dem Werk erhalten hatte, in der Eile nicht daran gedacht, noch einmal mit Natcho Gassi zu gehen. Da seine Freundin nicht da war, schwante ihm jetzt Böses. Aber wenn er sich beeilen würde, würde er es vielleicht noch rechtzeitig schaffen. Normalerweise blieb Natcho lange »dicht« und war vermutlich noch nicht auf dem Schlafzimmerteppich ausgelaufen. Tobias raste also nach Hause. Kurz vor der Einfahrt zum Hof des Mehrfamilienhauses, in dem Tobias mit seiner Freundin wohnte,

Kapitel 8 – Das Fahrlässigkeitsdelikt

musste er anhalten, weil ein Lieferwagen eines Paketdienstes mitten auf der Fahrbahn hielt. Die Straße war zu eng, um daran vorbei zu fahren. Der Fahrer war nicht zu sehen. Verärgert hupte Tobias, doch es passierte nichts. Nach einigen Minuten kam der Fahrer aus einem der Nachbarhäuser. Sie können es sich wahrscheinlich schon denken: Es war Dennis, unser späterer Adhäsionskläger. Dennis war Paketbote und eilte zurück zu seinem Lieferwagen. Tobias startete den Motor seines Autos in der Erwartung, dass Dennis den Lieferwagen an den Straßenrand fahren würde. Doch auch Dennis hatte an diesem Vormittag große Eile. Er hing seinem engen Zeitplan schon um einiges hinterher und würde sich beeilen müssen, wenn er überhaupt so etwas wie eine Mittagspause haben wollte. Deshalb fuhr er den Lieferwagen nicht an die Seite, sondern stieg in den hinteren Teil des Wagens und entnahm das nächste Paket. Tobias hupte erneut. »Fahr die Scheißkarre zur Seite!«, rief er aus dem Fenster seines Autos.

»Gleich«, rief Dennis zurück, und ging mit dem Paket in Richtung des gegenüberliegenden Mehrfamilienhauses.

Tobias war inzwischen ausgestiegen. »Nicht gleich, sondern jetzt!«, rief er wütend. »Ich muss nach Hause Mann! So kommt hier doch kein Mensch vorbei!«

Doch Dennis hob nur die Hand und winkte ab. Er verschwand mit dem Paket im gegenüberliegenden Mehrfamilienhaus.

Ob er beim Heben der Hand nur in Richtung von Tobias abgewunken hatte oder ob er ihm den Mittelfinger gezeigt hatte, ließ sich im Nachhinein nicht mehr so ganz aufklären. Tobias war jedenfalls wütend. Er fuhr sein eigenes Auto an den Rand und parkte es in zweiter Reihe neben den dort schon stehenden Fahrzeugen. Dann eilte er zu Fuß an Dennis Lieferwagen vorbei, die Straße herunter. Er sparte sich den Fahrstuhl und hetzte die Treppen nach oben zu seiner Wohnung. Aber es war zu spät. Natcho hatte auf den Teppich gepinkelt. Seine Freundin würde sauer sein. Und Tobias war auch sauer. Nicht auf den armen Natcho, dem man keinen Vorwurf

Kapitel 8 – Das Fahrlässigkeitsdelikt

machen konnte – schließlich war er fast zwölf Stunden allein gewesen. Aber Tobias war wütend über die Havarie im Werk, die ihn aufgehalten hatte, wütend auf sich, weil er Natcho nicht einfach mitgenommen hatte, und wütend auf den sturen Paketboten, der seinen Wagen einfach nicht zur Seite fahren wollte. Er leinte Natcho an und beschloss noch eine Runde mit ihm Gassi zu gehen und sein Auto umzuparken, bevor er endlich schlafen gehen würde. Vor dem Wohnhaus angekommen, entdeckte er Dennis und seinen Lieferwagen wieder. Dennis hatte einige Häuser weiter geparkt und stand nun mitten auf der Straße vor dem Mehrfamilienhaus, in dem Tobias wohnte. Das brachte Tobias zur Weißglut. Er sah Dennis auf dem Fahrersitz des Lieferwagens sitzen und ein Formular ausfüllen. Da riss er die Beifahrertür des Lieferwagens auf und ließ Dennis in wenig freundlichen Worten wissen, was er von ihm und seinem Verhalten hielt. Dennis, ebenfalls gestresst, konterte entsprechend.

Ich erspare Ihnen die Einzelheiten, denn die Beleidigungen waren auf Grund der Wechselseitigkeit gar nicht Gegenstand der Anklage. Die Anklage bezog sich auf etwas anderes. Denn Tobias hatte sich schließlich zu einem ungewöhnlichen und vor allem ungünstigen Zug hinreißen lassen. Er hatte sich gegenüber dem unliebsamen Paketboten einen unüberlegten Scherz erlaubt, der gehörig nach hinten losging. Nachdem das Wortgefecht mit dem noch immer auf dem Fahrersitz befindlichen Dennis beendet war, hatte er Natcho zum Abschluss ein Stück nach oben zum Beifahrersitz gehoben und laut gerufen,»Fass! Friss ihn auf, diesen Trottel!«
Das war eine insgesamt eher unkluge Idee, denn Dennis erschrak sich fürchterlich. Er sah den Hund auf der Beifahrerseite in den Lieferwagen gucken, er hörte Tobias' Kommando und sprang schreiend auf der Fahrerseite aus dem Auto. Dort kam er auf dem Boden zu Fall. Er konnte sich mit den Händen abfangen und landete auf dem Hosenboden. Tobias, der den Sturz bemerkt hatte, schaute samt Natcho auf der anderen Seite des Lieferwagens nach dem Rechten. Als er sah, dass Dennis sich offenbar nicht verletzt hatte, lachte er,

drehte sich um und ging. Er hatte sich wieder beruhigt und nahm an, die Sache sei damit erledigt. Leider hatte er sich getäuscht. Mit Paketboten ist scheinbar nicht zu spaßen.

»Bleiben Sie bitte noch zurück!«, forderte der Wachtmeister mich und die große Gruppe wartender Gerichtsmitarbeiter auf. »Der Nordflügel ist jetzt geräumt. Die Sprengstoffexperten untersuchen das Paket. Es wird sicher nicht mehr lange dauern«, erklärte er. »Das ist doch völlig überzogen!«, rief ein Anwalt, der wenige Meter neben mir stand. »Ach, meinen Sie das?«, fragte der Wachtmeister mit ironischem Unterton. »Nur gut, dass Sie das hier nicht zu entscheiden haben.«

Dann wandte er sich an mich. »Wir kontrollieren lieber einmal zu viel als einmal zu wenig. Vor ein paar Jahren hätte es fast eine Richterin erwischt«, erzählte er.

»Was?«, fragte ich mit großen Augen. Der Wachtmeister beugte sich zu mir und sprach leiser.

»Hier hat vor zwei Jahren jemand eine Waffe hereinschmuggeln können. Wir hatten keine Ahnung, wie er das geschafft hat. Er ist direkt in das Büro einer Richterin gegangen, hat die Waffe auf den Tisch gelegt und ihr gesagt, er würde jetzt zuerst sie und dann sich selbst erschießen, weil sein Leben nach ihrem Urteil sowieso vorbei war. Er hatte seine Frau und seinen Job verloren.«

Ich schluckte erschrocken.

»Nur durch Zufall kam in dem Moment ein anderer Kollege in ihr Büro. Er wollte sie zum Mittagessen abholen. Er hat die Waffe auf dem Tisch gesehen und sofort gehandelt. Er hat den Täter von hinten geschnappt und ihn überwältigen können.« Er nickte anerkennend, während er weitererzählte. »Aber wissen Sie, das war Glück. Die Waffe war geladen. Das hätte auch böse ausgehen können.«

Ich konnte mir eigentlich nicht vorstellen, dass es hier jemand auf mein Leben abgesehen hatte. Aber andererseits hatte ich mir bis

Kapitel 8 – Das Fahrlässigkeitsdelikt

eben auch nicht vorstellen können, dass jemand mit einer geladenen Waffe in das Büro einer Richterin kommen könnte. Dann musste ich wieder an den Paketboten von letzter Woche denken. Entgegen Tobias' Erwartung war der Vorfall am Lieferwagen nämlich noch lange nicht erledigt gewesen. Dennis zeigte ihn an. Allerdings nicht nur wegen der Beleidigungen, die Tobias ihm an den Kopf geworfen hatte. Der Tatvorwurf der Anklageschrift lautete fahrlässige Körperverletzung. Dennis hatte gegenüber der Polizei umfangreich geschildert, was passiert war. Während Tobias noch dachte, der Konflikt sei recht harmlos gewesen und ihn schon bald fast vergessen hatte, hatte Dennis von einem angsteinflößenden Schläger samt Kampfhund berichtet. Später hatte er zu Protokoll gegeben, dass ihn der Angriff mit dem Hund regelrecht traumatisiert hatte. Sechs Wochen sei er nicht arbeitsfähig gewesen und noch immer leide er unter Schlafstörungen und Panikattacken. Er hätte durch den Vorfall eine Canophobie entwickelt – eine übersteigerte Furcht vor Hunden. Das hatte Tobias wohl nicht kommen sehen. Ich ehrlich gesagt auch nicht. Ich meine, wer rechnet denn damit, dass allein das Hochheben eines Hundes gepaart mit den Worten »Fass! Friss ihn, den Trottel!« zu einer ausgewachsenen Angststörung führen kann? Die Frage stellte sich mir angesichts der Lichtbilder in der Verfahrensakte umso mehr. Sie zeigten den vermeintlichen Kampfhund Natcho. Natcho, ein Mops. Sie wissen schon, so ein kleiner beigefarbener Hund mit platt gedrückter Nase und hervorstehenden Augen. Einer, bei dem zumindest ich eher mit einer Kuschelattacke als mit einem Biss rechnen würde. Ich bin nicht einmal sicher, ob ein Mops überhaupt anatomisch in der Lage wäre, in etwas anderes als ein Wiener Würstchen zu beißen. Aber man kann in Hunde – unabhängig von ihrer Rasse – natürlich nicht hineinschauen. In Menschen übrigens auch nicht. Ob Dennis tatsächlich durch Natcho eine Psychose erlitten hatte oder ob er einfach nur etwas Schmerzensgeld abstauben wollte, kann ich nicht sagen. Angesichts des ärztlichen Attests, das er vorlegte, war die Psychose aber erst einmal nicht von der Hand zu weisen. Die Frage, die mich stattdessen aber umtrieb, war die, wer so etwas kommen sehen kann. Wer kann denn vorhersehen, dass ein auf den Arm gehobener Mops eine Psychose auslöst? Oder kann man so etwas nicht kommen sehen? Die Frage mag Ihnen seltsam vorkommen, aber sie war tatsächlich der zentrale Punkt der Verhandlung von Tobias und Dennis und letztlich auch der Grund, warum der Prozess nicht so endete, wie Dennis es sich erhofft hatte.

Die sogenannte objektive Vorhersehbarkeit ist eine Voraussetzung, um ein fahrlässig begangenes Delikt zu bestrafen. Aber fangen wir mal langsam an. Vielleicht ist Ihnen der Unterschied zwischen Vorsatz und Fahrlässigkeit ja schon bekannt. Vorsatz – das subjektive Element des Tatbestands fast aller Delikte – meint, dass der Täter eine bestimmte Tatfolge möchte oder sie zumindest billigend in Kauf nimmt. Wenn ich also ausdrücklich jemanden verletzen WILL, handele ich vorsätzlich. Oder zumindest dann, wenn ich weiß, dass ich jemanden verletzen WERDE und damit einverstanden bin. Vorsätzlich begangene Taten sind unkompliziert zu bestrafen. Aber Tobias hatte eher nicht vorsätzlich gehandelt. Er hatte letztlich nicht gewollt, dass Dennis durch seine scherzhaft gemeinte Drohung einen ernsthaften Schaden erleidet. Weil manche Taten aber auch dann Unrecht sind, wenn man die Folge vielleicht nicht beabsichtigt hat, ist nach § 15 Strafgesetzbuch in manchen Fällen aber auch die fahrlässige Begehung strafbar: Ich wollte also niemanden verletzen, es war eher ein Versehen, aber ich werde trotzdem bestraft. Tobias hatte hier, ohne es zu wollen, den Tatbestand der Körperverletzung erfüllt. Denn durch seine Handlung war Dennis an seiner Gesundheit geschädigt worden. Er hatte eine Psychose entwickelt. Eine solche Körperverletzung kann nach § 229 Strafgesetzbuch auch fahrlässig begangen werden. Voraussetzung der Strafbarkeit einer nicht vorsätzlich begangenen Körperverletzung ist allerdings, dass dem Täter ein sogenannter Fahrlässigkeitsvorwurf gemacht werden kann. Ihm muss eine objektive Sorgfaltspflichtverletzung zur Last gelegt werden können. Außerdem muss der Eintritt des Taterfolgs objektiv vorhersehbar und vermeidbar gewesen sein. Eine Sorgfaltspflichtverletzung hatte Tobias wohl begangen, als er den Hund nach oben gehoben und »Fass!« gerufen hatte. Die Frage war aber, ob die Folgen, die das Ganze gehabt hatte, wirklich objektiv vorhersehbar gewesen waren. Konkret: Kann man damit rechnen, dass jemand durch einen im Arm gehaltenen Mops eine Canophobie erleidet? Die Rechtsprechung hilft uns hier nur wenig weiter. Sie bietet komplizierte Erläuterungen. Ein Taterfolg ist dann objektiv vorhersehbar, wenn der wesentliche Kausalverlauf für den Täter nicht so sehr außerhalb aller Lebenserfahrung steht, dass der Täter mit diesem rechnen muss. Äh, bitte was? Das ist schwer zu verstehen, oder? Ein klarer Fall von Juristendeutsch. Lassen Sie mich das übersetzen: Offenbar ist hier auf allgemeine Lebenserfahrung und gesunden Menschenverstand abzustellen. Also liegt es im Rahmen der allgemeinen Lebenserfahrung, dass mit »Fass!« kommandierte Hunde eine Canophobie auslösen können? Gut möglich.

Und wenn es sich dabei um einen Mops handelt, der auf dem Arm gehalten wird? Darüber kann man wohl streiten. Und das haben wir tatsächlich getan. Denn die Vertreterin der Staatsanwaltschaft war der Überzeugung, dass Tobias die Folgen seiner Tat hätte kommen sehen müssen. Er hatte vielleicht einen Scherz machen wollen, aber er musste damit rechnen, dass Dennis sich erschrecken und dadurch erkranken könne. Nachdem wir in der Verhandlung die Fotos des eher niedlichen Natcho in Augenschein genommen hatten, hatte ich daran so meine Zweifel. Auch die Vertreterin der Staatsanwaltschaft meinte, jetzt sehe das Ganze etwas anders aus, als es sich in der Akte gelesen hätte. Dennis Anwältin wollte natürlich eine Verurteilung von Tobias erzielen, denn sie zielte noch auf das Schmerzensgeld ab und wollte deshalb ihren 2-in-1-Prozess.

Ich betrachtete nochmal Dennis, Tobias und die Bilder des Hundes und wog ab: *Den Schreck hätte ich wohl noch für wahrscheinlich ge-*

halten. Den hatte Tobias Dennis wohl auch wirklich einjagen wollen. Und natürlich gibt es Menschen, die Angst vor Hunden haben, eine solche Drohung durchaus ernst nehmen und deshalb aus dem Auto springen. Den Sturz aus dem Auto hätte man mit viel Fantasie auch kommen sehen können. Aber die Entwicklung einer Psychose? Das schien mir dann doch etwas weit hergeholt.

Wenn Sie das jetzt persönlich anders einschätzen, ist das übrigens völlig in Ordnung. Denn wie gesagt, auch wir haben während der Verhandlung lange darüber diskutiert. Tobias' Anwalt war wie ich der Auffassung, dass die Psychose nicht vorhersehbar gewesen war. Dem gegenüber standen jedoch die Staatsanwältin und die Anwältin, die Dennis beauftragt hatte. Nach einer ausführlichen rechtlichen Debatte einschließlich Sitzungspause und Recherche in juristischen Kommentaren habe ich Tobias schließlich freigesprochen. Für mich war das Ganze nicht objektiv vorhersehbar. Die Vorstellung, dass ein im Arm gehaltenes Mops eine Canophobie auslösen könnte, erschien mir zu weit hergeholt, um strafrechtliche Folgen zu rechtfertigen.

Von einer Entscheidung über Dennis' Adhäsionsantrag konnte ich aufgrund des Freispruchs gegen Tobias absehen. Dennis war über mein Urteil sehr verärgert. Noch im Sitzungssaal hatte er laut über mich geschimpft. Ich hätte ihn beinahe des Saales verweisen müssen. Ein Rechtsmittel gegen mein Urteil konnte er nicht einreichen. Dazu hätte er nicht nur einen Adhäsionsantrag stellen, sondern als Nebenkläger neben der Staatsanwaltschaft auftreten müssen. Aber natürlich nahm ihm mein Urteil nicht die Möglichkeit, sein Schmerzensgeld in einem Zivilprozess geltend zu machen. Nach dem Prozess hatte ich nichts mehr von Dennis gehört. Trotzdem hatte ich nun, da ich überlegte, wie das Paket in das Gericht gekommen war, unwillkürlich an ihn denken müssen. Hatte er vielleicht doch etwas damit zu tun?

Ich musste fast eine geschlagene Stunde warten, bis die Kollegen der Wachtmeisterei endlich Entwarnung gaben. Der Sprengstoffspürhund hatte nicht angeschlagen, und das Paket konnte entfernt werden. Das Gerichtsgebäude konnte wieder genutzt werden. Wie sich herausstellte, hatte der Paketbote Dennis mit dem Inhalt tatsächlich nichts zu tun gehabt. Im Kreis der Polizisten und Wachtmeister wurde das Paket geöffnet, und ich hatte, weiter hinten stehend, gespannt zugesehen.
Der Inhalt war völlig unerwartet: Das Paket enthielt eine Schachtel Pralinen. Vollmilchpralinen mit Pistazienfüllung. Damit war klar: dieses Paket war nicht gefährlich. Aber es war auch eindeutig, dass das Paket definitiv für mich bestimmt war. Denn wer mich kennt, der weiß, wie sehr ich Pistazien liebe. Und Schokolade. Und erst recht die Kombination aus beidem. Kaum hatte ich die Pralinen erblickt, wusste ich auch, wie das Paket ins Gericht gelangt war.

Sie erinnern sich: Anwältinnen und Anwälte genießen bei der Einlasskontrolle freies Geleit. Für sie findet keine Taschenkontrolle statt. Es genügt den Ausweis vorzulegen, dann darf man die Sicherheitskontrolle über die Seite ohne Weiteres passieren. Und so musste das Paket vor mein Büro gekommen sein.
Ein Verteidiger, mit dem ich verhandelt hatte, schien offenbar ein Auge auf mich geworfen zu haben. Ich wusste bereits, wer es war, noch bevor ich die Karte auf den Pralinen gelesen hatte. Denn erst wenige Tage zuvor hatten wir gemeinsam vergeblich auf den ausgebliebenen Angeklagten gewartet. In der erzwungenen Verhandlungspause hatte ich einen Schokoriegel unter dem Tisch hervorgeholt und gegessen. Richterinnen sind schließlich auch nur Menschen und ich finde so etwas ist in der Pause im Saal durchaus erlaubt. Das Kollegium mag das anders sehen, aber ich denke, das Grundrecht auf Schokolade sollte man einfach niemandem vorenthalten. Das hatte ich dem Verteidiger erklärt und so waren wir ins Gespräch gekommen – vom Schokoriegel über Schokolade und zu den Lieblingspralinen. Ich hatte mir gar nicht allzu viele Gedanken gemacht.

Und ein Paket samt Pralinen vor meinem Büro hatte ich nun wirklich nicht kommen sehen. Die Folgen, die das Ganze für den weiteren Ablauf im Gericht hatte, hatte wohl der Verteidiger nicht vorhergesehen. Denn nicht nur meine Verhandlung war unterbrochen worden, als der Gebäudeteil wegen der Pralinen kurzfristig geräumt wurde. Ironischerweise war auch der Kollege selbst betroffen. Er hatte eine Verhandlung in einem anderen Saal und musste seinen Platz ebenfalls räumen. Natürlich hatte auch er nicht bedacht, dass seine Pralinen zu einem solchen Vorfall führen könnten. Er entschuldigte sich später in aller Form dafür. Ich habe abgewunken. Ich war nur erleichtert, dass es keinen ernsteren Hintergrund gab. Und wie wollte man jemandem für so eine verrückte Folge von Ereignissen einen Vorwurf machen? Ein Bombenalarm wegen einer Schachtel Pralinen ist doch genauso skurril wie ein Paketbote mit Canophobie. Das ist einfach nicht objektiv vorhersehbar, finde ich.

Kapitel 9
Der Bewährungswiderruf

§ 56f Strafgesetzbuch

(1) Das Gericht widerruft die Strafaussetzung, wenn die verurteilte Person

1. in der Bewährungszeit eine Straftat begeht und dadurch zeigt, dass die Erwartung, die der Strafaussetzung zu Grunde lag, sich nicht erfüllt hat,

2. gegen Weisungen gröblich und beharrlich verstößt und sich der Aufsicht und Leitung der Bewährungshelferin oder des Bewährungshelfers beharrlich entzieht und dadurch Anlass zu der Besorgnis gibt, dass sie erneut Straftaten begegnen wird, oder

3. gegen Auflagen gröblich oder beharrlich verstößt.

(…)

»Dornröschen war auf der Autobahn!«, mit diesen Worten war Frau Wegener aufgeregt in mein Büro gestürmt. »Schauen Sie sich das an, wir haben gerade den Strafbefehl bekommen.«
Sie wedelte mit einem dünnen Stapel Papier. Ich muss in diesem Moment wohl verständnislos geguckt haben.
»Unser Dornröschen!«, wiederholte Frau Wegener, als sei das das Selbstverständlichste der Welt, »Auf der Autobahn! Und natürlich wieder sturzbetrunken! Aber Gott sei Dank ist niemanden etwas passiert.«
Dornröschen? Betrunken? Ich verstand nur Bahnhof. Aber dann fiel der Groschen. Zumindest Cent für Cent. Frau Wegener sprach von unserem alten Bekannten, von Harald Rosendorn! Dornröschen

war intern zu seinem Arbeitstitel geworden, denn Sie erinnern sich vielleicht, der alkoholabhängige Rollstuhlfahrer hatte uns schon mehrfach beschäftigt. Erst war er zu betrunken gewesen, um eine Verhandlung gegen ihn zu führen, dann hatte ich einen Deal mit ihm vereinbart und ihm einen Notizzettel geschrieben. Schließlich war er zu diesem zweiten Termin tatsächlich erschienen. Weil wir die Akte zu seinem Verfahren so oft ausgetauscht hatten, war aus Herrn Rosendorn im Bürojargon irgendwann – nahezu liebevoll – Dornröschen geworden. Natürlich nur intern und nur zwischen Frau Wegener und mir. Wir hatten eine Weile nichts von Dornröschen gehört, aber jetzt wollte Harald uns offenbar wieder neue Arbeit bescheren: Er war mit seinem elektrischen Rollstuhl auf die Autobahn aufgefahren. Und nein, das ist kein Scherz, das ist wirklich passiert! Ich hätte es auch am liebsten nicht glauben wollen. Ich stöhnte und nahm die Papiere, die Frau Wegener mir dankenswerterweise direkt ins Büro gebracht hatte.

»Das wird unangenehm«, seufzte ich, während ich den Strafbefehl überflog. Frau Wegener schaute mich mitleidig an.
»Es tut mir wirklich leid, ich hätte auch an ihn geglaubt«, sagte sie und verzog das Gesicht. Da waren wir uns einig. Auch ich war davon ausgegangen, dass Harald Rosendorn sich nicht noch einmal strafbar machen würde. Deshalb hatte ich die Freiheitsstrafe wegen der Körperverletzung zu Lasten des Passanten, den er mit seinem Rollstuhl angefahren hatte, letztlich auch zur Bewährung ausgesetzt. Es war das erste Mal gewesen, dass Harald zu einer Freiheitsstrafe verurteilt worden war, und allein die Androhung und der Prozess hatten ihn sichtlich beeindruckt. Zu seinem zweiten Termin war Harald nicht nur pünktlich und nahezu nüchtern gekommen. Er legte außerdem die Terminbestätigung für eine Suchtberatung vor und sagte, er wolle sich doch noch einmal zu einer Entgiftung beraten lassen. Das allein hätte mir nicht ausgereicht. Ein Beratungstermin macht noch lange keinen trockenen Alkoholiker und bedeutet daher keine Entwarnung für jegliche Rückfallgefahr. Aber Harald hat-

Kapitel 9 – Der Bewährungswiderruf

te sich noch eine ganz andere Strategie überlegt: Er wusste, dass er nicht von jetzt auf gleich aufhören könnte zu trinken. Deshalb wollte er das auch nicht versprechen. Aber er meinte, er könne in jedem Fall aufhören, betrunken mit dem elektrischen Rollstuhl zu fahren. Er würde wieder auf den handbetriebenen umsteigen, versprach Harald und legte sogar ein Monatsticket für die Straßenbahn vor – falls er doch einmal weitere Strecken zu erledigen hätte. Mit Ach und Krach und einigen Auflagen hatte Harald noch einmal eine Strafaussetzung zur Bewährung erhalten. Eine ganze Weile hatten die Berichte, die mir Haralds Bewährungshelfer für meine Bewährungsüberwachung erstellt hatte, auch wirklich gut ausgesehen. Aber eine Trunkenheitsfahrt auf der Autobahn? Das konnte doch wohl nicht wahr sein!

Als Strafrichterin gehört die Bewährungsüberwachung zu meinen Standardaufgaben. Dabei handelt es sich um die richterliche Kontrolle, ob die Person, der eine Strafaussetzung zur Bewährung gewährt wurde, sich auch tatsächlich bewährt. Ich überwache dabei, ob die Verurteilten sich noch einmal strafbar machen und ob sie sich an ihre Bewährungsauflagen halten. Ob sie also etwa regelmäßigen Kontakt zur Bewährungshilfe halten oder auferlegte Arbeitsstunden und Zahlungen wirklich leisten. Ist das nicht der Fall, oder kommt eine neue Straftat hinzu, entscheide ich über den sogenannten Widerruf der Bewährung. Wenn ich die Bewährung widerrufe, muss die ursprünglich ausgesetzte Strafe eben doch verbüßt werden. Eine Freiheitsstrafe wird dann in der Justizvollzugsanstalt abgesessen, eine Geldstrafe wird gezahlt. Die Überwachung der Bewährung mag sich nach einer einfachen Aufgabe anhören: man schaut in die Akte und kontrolliert, ob jemand getan hat, was er sollte, dann entscheidet man einfach. Aber so einfach ist das nicht. Denn die Täterinnen und Täter lassen ihre Auflagen meist nicht grundlos schleifen und sie machen sich in der Regel auch nicht leichtfertig wieder strafbar. Einem verurteilten Straftäter, der unter laufender Bewährung steht, ist bewusst, was auf dem Spiel steht. Er weiß, was er zu verlieren hat. Deshalb können wir davon ausgehen, dass auch hinter Bewährungsbrüchen Gründe stehen. Hintergründe, die die Entscheidung über den Widerruf manchmal alles andere als einfach machen. Trotzdem darf die Entscheidung über einen Bewährungswiderruf weder gescheut noch aufgeschoben werden. Denn wer sich nicht bewährt, der muss nicht nur der Gerechtigkeit wegen die ihm angedrohte Strafe verbüßen, manchmal müssen auch künftige Opfer dringend vor einem Täter geschützt werden.

Wie wichtig die Bewährungsüberwachung vor diesem Hintergrund ist, wurde mir nur wenige Wochen zuvor im Strafverfahren gegen Lennard Thorwald schockierend vor Augen geführt. Denn Lennard Thorwald hatte Taten begangen, die ich wohl niemals aus meinem Gedächtnis streichen kann – Taten, die mich noch heute schaudern lassen. Taten, die vielleicht, nein, sogar wahrscheinlich, hätten verhindert werden können.

Zum Zeitpunkt seiner letzten Verurteilung war Lennard Thorwald 41 Jahre alt gewesen. Lennard war unverheiratet und zumindest offiziell nicht berufstätig. Ursprünglich hatte Lennard eine Ausbildung zum Dachdecker gemacht. Einige Jahre war er in einem örtlichen Betrieb tätig gewesen und hatte einen durchaus guten Job gemacht. Lennard war fleißig und handwerklich geschickt. Aber Lennard hatte zwei Probleme, die ihn schon seit seiner Jugend verfolgten: Lennard konnte schlecht mit seinen eigenen Emotionen umgehen. Und Lennard löste Konflikte gelegentlich mit Gewalt. Zumindest, wenn er mit Worten nicht weiterkam. Wie so oft haben die Probleme, unter denen Lennard litt, tieferliegende Ursachen. Als jüngster von drei Brüdern wuchs er in einem recht tragischen Elternhaus auf. Seine Mutter litt schon früh an Depressionen, in einer Zeit, in der psychische Erkrankungen gesellschaftlich tabuisiert waren und eher verschwiegen als behandelt wurden. Sein Vater konnte die Veränderung seiner Frau weder verstehen noch ertragen und floh in Arbeit und Alkohol. Die beiden älteren Brüder verließen das belastete Elternhaus so früh wie möglich. Es bedarf wenig Fantasie, um sich vorzustellen, dass Lennard in seiner Familie nicht die Stabilität und Hilfestellung fand, die er als Jugendlicher gebraucht hätte. Ob er sich unter anderen Umständen anders entwickelt hätte, lässt sich im Nachhinein natürlich nicht sagen. Denn neben der Familie gibt es so viele Aspekte, die einen Menschen in seiner Entwicklung prägen. Lennard jedenfalls hatte sich wie seine Brüder schon früh von seiner Familie losgesagt. Im Alter von 16 Jahren war er ausgezogen und hatte von seinem ersten Lehrgeld eine kleine eigene Wohnung angemietet. Eine ganze Weile hatte er sich auch gut durchgeschlagen, zumindest wenn man auf seinen zunächst unauffälligen Lebenslauf blickte. Doch mit Mitte zwanzig hatte er die Anstellung in dem Dachdeckerbetrieb, in dem er gelernt hatte, verloren. Er war mit seinem Vorgesetzten so sehr aneinandergeraten, dass er ihm mit einem Schlag ins Gesicht die Nase gebrochen hatte. Das hatte ihm auch seine erste Geldstrafe eingebracht. Danach hatte er in einigen weiteren örtlichen Betrieben gearbeitet. Doch in den verschiedenen Stationen blieb er nie lange. Immer wieder kam es zu Konflikten mit Vorgesetzten und Kollegen. Gelegentlich ging das so weit, dass er ein blaues Auge verteilt hatte – besonders gefährlich, wenn man bedenkt, dass solche Auseinandersetzungen oft auf dem Dach statfanden. Da half es auch nichts, dass Lennard sonst ein kompetenter und zuverlässiger Mitarbeiter gewesen war. Wer sich und andere gefährdet und verletzt, der kann nicht bleiben, dachten Lennards Vorgesetzte. Seit seinem dreißigsten Lebensjahr war Lennard keine längere Zeit bei einem Arbeitgeber beschäftigt. Zeiten der Arbeitslosigkeit wechselten mit Gelegenheitsjobs und Arbeit unter der Hand. Im Laufe der Zeit hatte sich Lennards Aggressionspotential gesteigert. Wenn Lennard in einem Konflikt nicht mehr weiter wusste, sich eingeengt fühlte oder mit unangenehmen Emotionen konfrontiert wurde, reagierte er im Zweifelsfall mit Gewalt. Je näher ihm dabei die Person stand, mit der er in Konflikt geriet, desto schwerer fiel es Lennard offenbar, sich zu beherrschen. Das hatte inzwischen auch seine Freundin Marie schmerzhaft zu spüren bekommen. Zum Zeitpunkt von Lennards letzter Tat war Marie seit etwa fünf Jahren mit ihm zusammen. Marie war Kosmetikerin und hatte Lennard über ihren Bruder kennengelernt. Lennard und Marie bewohnten gemeinsam eine kleine Zweizimmerwohnung im siebten Stock eines Neubaublocks in einer Großstadt. Über ihre Beziehung und ihr Leben kann ich nicht viel sagen. Ich weiß lediglich, dass Marie sich im Rahmen der Verhandlungen gegen Lennard regelmäßig sehr bedeckt gehalten hat. Mehrfach musste sie als Zeugin vor Gericht gegen ihn aussagen. Denn mehrfach war es innerhalb der fünfjährigen Beziehung vorgekommen, dass Lennard gegenüber Marie gewalttätig geworden war. Die erste Anzeige hatte ihr Bruder erstattet, als Marie mit blutender Nase und mehreren Hämatomen an den Armen zu ihm geflüchtet war. Lennard hatte Marie im Streit geschlagen. Er hatte eine Geldstrafe bekommen.

Das zweite Strafverfahren war aufgenommen worden, als eine Nachbarin bei einem besonders lautstarken Streit die Polizei gerufen hatte. Die Kollegen hatten Marie im Hausflur am Boden liegend mit Schlagmarken an Kiefer und Augenbraue aufgefunden. Sowohl Lennard als auch Marie waren alkoholisiert und gaben an, dass das ihren Streit befeuert hätte. Lennard war zu einer Freiheitsstrafe mit Bewährung verurteilt worden. Doch Lennard bewährte sich nicht. Stattdessen erschien Marie wenige Wochen später mit einer Rippenserienfraktur im örtlichen Krankenhaus. Lennard sagte aus, er habe Marie im Streit nur festhalten wollen und dabei wohl »etwas zu fest gedrückt«. Wie sehr man jemanden drücken muss, um vier Rippen zu brechen, können Sie sich vielleicht in etwa vorstellen. Es gab eine zweite Freiheitsstrafe für Lennard, deren Vollstreckung nochmals zur Bewährung ausgesetzt wurde. Diesmal mit Bewährungsauflagen: Lennard sollte ein Anti-Aggressionstraining absolvieren. Außerdem wurde er der Weisung eines Bewährungshelfers unterstellt. Lennard trat das Anti-Aggressionstraining nicht an. Die Termine bei seinem Bewährungshelfer nahm er nicht wahr. Das warf binnen kurzer Zeit die Frage des Widerrufs der Bewährung auf.

Ein solcher Widerruf der Bewährung erfolgt nach § 56f Abs. 1 S. 1 Nr. 1 Strafgesetzbuch dann, wenn die verurteilte Person in der Bewährungszeit eine Straftat begeht, gegen Weisungen der Bewährungsaufsicht verstößt oder sich der Aufsicht und Weisung eines Bewährungshelfers entzieht. Besteht deshalb Anlass zur Sorge, der Täter könnte neue Straftaten begehen, wird die Aussetzung zur Bewährung widerrufen und die Strafe muss verbüßt werden. Lennard hatte gegen die Weisungen verstoßen und auch durch seinen Bewährungshelfer konnte nicht auf ihn eingewirkt werden. *War davon auszugehen, dass er erneut eine Straftat begehen würde? Möglicherweise. War die Aussetzung zur Bewährung deshalb – rein sachlich betrachtet – zu widerrufen? Wahrscheinlich.* Aber so ein Widerruf ist kein Automatismus. Er erfordert eine weitere separate Entscheidung, einen förmlichen Beschluss eines Gerichts. Der muss vorher wieder überprüft und abgewogen werden. Was genau es da abzuwägen gibt, verrät uns der schon bekannte § 56f Strafgesetzbuch. Der hat nämlich noch einen Absatz 2. Und der wiederum sagt, dass das Gericht von einem Widerruf absehen soll, wenn es ausreicht, weitere Weisungen zu erteilen oder die Bewährungszeit zu verlängern. Das muss vor einem Widerruf also geprüft werden. Bevor entschieden wird, ob ein Verurteilter seine Strafe jetzt also wirklich absitzen muss, wird er dazu noch einmal angehört. Auch Lennard sollte diese Chance bekommen. Wie gesetzlich vorgesehen, erhielt er eine schriftliche Ladung zu einem Anhörungstermin bei Gericht, um zu erklären, warum er das Anti-Aggressionstraining nicht angetreten und die Gespräche mit seinem Bewährungshelfer versäumt hatte. Zu diesem Anhörungstermin bei Gericht erschien Lennard jedoch nie.

Am Abend vor dem Termin geriet er mit Marie in Streit. Wieder hatten beide getrunken, wieder wurde es laut. Noch während Lennards Nachbarin darüber nachdachte, ob sie die Polizei verständigen oder doch noch kurz abwarten sollte, erklang ein schriller Schrei. Es folgte ein dumpfer Aufschlag. Marie war vom Balkon gestürzt. Sieben

Stockwerke tief war sie gefallen und mit dem Schädel auf dem Bordstein des Fußweges aufgeschlagen. Es bedurfte keines Notarztes, um festzustellen, dass für sie jede Hilfe zu spät kam. Die Aufschlagstelle war ein Ort des Grauens. Ob Marie im Streit durch ein Missgeschick vom Balkon gestürzt war, ob sie aus Angst oder Verzweiflung gesprungen war oder ob Lennard sie gestoßen hatte, ließ sich im Nachhinein nicht mehr feststellen. Denn Lennard konnte dazu nicht mehr befragt werden. Als die Polizei wenige Minuten später an seine Wohnungstür klopfte, stürzte er sich vom Balkon. Er schlug unmittelbar neben seiner Freundin auf und war ebenfalls sofort tot.

Die Nachrichten über den Tod von Marie und Lennard hatten sich wie ein Lauffeuer durch die örtlichen Nachrichten und durch das Amtsgericht verbreitet. Alle Kolleginnen und Kollegen hatten diskutiert, ob der Tod von Marie hätte verhindert werden können, wenn die Bewährung schneller widerrufen worden wäre. Es war ein Schock und ein Weckruf für alle gewesen, die Bewährungen überwachten. Das Verfahren zu Lennard Thorwald lag nicht in meinem Referat. Seine Bewährungsüberwachung gehörte nicht zu meinen Aufgaben. Ein anderer Richter war für Lennard zuständig und hatte sowohl die Urteile zu seinen Lasten gefällt als auch seine Bewährung überwacht. Ich war selten so dankbar, für einen Angeklagten nicht zuständig zu sein.

Denn auch wenn die Verantwortung für die Taten eines Menschen natürlich in erster Linie bei demjenigen liegt, der die Taten verübt, fragt man sich als zuständiger Richter natürlich immer, ob man einen Einfluss auf die Tat gehabt hat. Ob man richtig entschieden hat. Ob man sorgfältig genug abgewogen hat. Ob man schnell genug gehandelt, terminiert, beschlossen hat. Ob man eine Tat hätte verhindern können.

Der Kollege, der Lennards Bewährungsüberwachung bearbeitet hatte, war erfahren. Seit mehr als fünfzehn Jahren war er als Strafrichter am Amtsgericht tätig gewesen. Trotzdem hatten ihn die

Kapitel 9 – Der Bewährungswiderruf

Überlegungen zu Lennard, dazu, was gewesen sein könnte, wenn er vielleicht eher terminiert, die Bewährung schneller widerrufen hätte, nicht losgelassen. Nach dem tragischen Tod von Marie und Lennard konnte er nicht mehr als Strafrichter arbeiten. Er ließ sich ins Zivilrecht versetzen und bearbeitete künftig ausschließlich Mietsachen.

Ich hingegen wollte weiter im Strafrecht arbeiten. Natürlich war ich dankbar, dass nicht ich die zuständige Richterin für Lennards Bewährungsüberwachung gewesen war. Aber ich hätte zuständig sein können. Es hätte mein Angeklagter, meine Entscheidung gewesen sein können, nach der so etwas passiert. *Ich lege hier bewusst Wert auf die Formulierung.* »*Nach einer meiner Entscheidungen*« *statt* »*Infolge einer meiner Entscheidungen*«. *Denn die Verantwortung, die Schuld für die Tat, für die Entscheidung eines anderen Menschen, die kann ich nicht übernehmen. Es wäre schon sachlich nicht richtig. Vor allem aber wäre es eine Last, die mir die Arbeit im Strafrecht schlicht unmöglich machen würde. Diese Arbeit, die Entscheidung über Freiheit und Gefangenschaft anderer Menschen, Beschlüsse zu Strafaussetzungen zur Bewährung, zu zweiten Chancen oder eben zu einem Widerruf sind ohnehin schon schwer genug. Ich glaube, ich könnte sie nicht stemmen, wenn ich auch noch die Verantwortung für die Taten meiner Angeklagten allein zu tragen hätte.*

Die Entscheidung über den Widerruf der Bewährung von Harald Rosendorn sollte ich nur wenige Wochen nach dem tragischen Vorfall mit Marie und Lennard treffen. Sie können sich vorstellen, dass sie mir, noch betroffen durch den tragischen Tod von Marie, besonders schwerfiel. Ich war nahezu aufgewühlt, als ich die Tür zu meinem Verhandlungssaal öffnete, um Harald zu seinem Bewährungsverstoß anzuhören. *Was würde Harald mir zu seiner neuen Tat sagen können? Würde er überhaupt kommen? Gab es möglicherweise weitere Weisungen, die einem Widerruf vorzuziehen wären? Oder hatte Harald seine Chance verspielt?*

Mehrfach hatte ich seine Akte durchgesehen, die Berichte seines Bewährungshelfers gelesen. Ich hatte Harald wegen seiner betrunkenen Fahrt mit dem elektrischen Rollstuhl und der Verletzung eines Passanten, mit dem er kollidiert war, zu einer Freiheitsstrafe von neun Monaten verurteilt.

Die Bewährung schien auch zunächst die richtige Entscheidung gewesen zu sein, denn im Gegensatz zu Lennard hatte Harald seine Bewährungsauflagen tatsächlich erfüllt. Er hatte regelmäßigen Kontakt mit seinem Bewährungshelfer gehabt, hatte in kleinen Raten eine Geldauflage an eine gemeinnützige Einrichtung gezahlt und war zur Suchtberatung gegangen. Die Suchtberatung hatte sogar Erfolge erzielt; Harald hatte beschlossen, eine Therapie anzutreten und seine Alkoholabhängigkeit zu bekämpfen. Harald bemühte sich wirklich. Aber jetzt hatte er sich eben doch wieder strafbar gemacht. Mit einem Rollstuhl auf die Autobahn zu fahren, wie unvernünftig kann man denn bitte sein? Ich war so wütend auf Harald, als hätte sich seine Tat gegen mich persönlich gerichtet. Ich wusste, dass das unsachlich war. Aber er hatte mich enttäuscht. Ich hatte ihm einen Vertrauensvorschuss gegeben und er hatte so etwas Dummes damit gemacht. Stellen Sie sich vor, was hätte passieren können! Vor meinem geistigen Auge sah ich Massenkarambolagen auf der Autobahn mit qualmenden Autos und Rettungshubschraubern. Nur weil dieser Idiot die Standspur mit einem Radweg verwechselt! Zum Glück war Haralds Ausflug in der Realität glimpflich ausgegangen. Vorbeifahrende Autofahrer hatten sofort die Polizei alarmiert. Die wiederum hatte Harald auflesen können, bevor er einen Unfall hatte verursachen können. Harald hatte wohl gar nicht bemerkt, dass er auf der Autobahn war. In seinem Delirium war er einfach dem Schild mit dem Ortsnamen gefolgt, den er erreichen wollte. Weil die Autobahn nicht mehr zum örtlichen Zuständigkeitsbereich unseres Gerichts gehörte, war Haralds Tat bei einem anderen Amtsgericht gelandet. Da hatte Harald Glück im Unglück gehabt. Das Gericht hatte einen Strafbefehl gegen Harald erlassen und wegen Trunkenheit im Verkehr lediglich eine Geldstrafe gegen ihn festge-

Kapitel 9 – Der Bewährungswiderruf

setzt. Von der Durchführung einer Hauptverhandlung und der Verhängung einer Freiheitsstrafe hatte die dort zuständige Richterin abgesehen, weil Harald mit dem elektrischen Rollstuhl ein Fahrzeug mit vergleichsweise geringem Gefährdungspotential geführt hatte. Vielleicht hatte sie auch mein Urteil wegen des Unfalls mit dem Passanten noch nicht gekannt. Ich weiß es nicht genau, aber ich hätte die Situation vermutlich anders beurteilt. Dennoch genügte der Strafbefehl, um eine Überprüfung von Haralds laufender Bewährung bei mir zu veranlassen. Mit der erneuten Straftat innerhalb des Bewährungszeitraums hatte er sich im Grunde nämlich gerade nicht bewährt. Ich musste also entscheiden, ob ich seine Bewährung in meinem Verfahren widerrufen würde. Dann würde er die neun Monate, die er bei mir schon gefangen hatte, tatsächlich im Gefängnis absitzen müssen.

Als ich zum Anhörungstermin an meinem Tisch Platz nahm, hatte ich den Beschluss für den Widerruf von Haralds Bewährung gedanklich schon geschrieben. Ich hatte resigniert. Der Mann war eben alkoholabhängig und offensichtlich auch nicht belehrbar. Er hatte mein Vertrauen verspielt. Er hatte deutlich gezeigt, dass ich mich auf sein Wort wohl nicht verlassen konnte. Ich hatte fast damit gerechnet, dass er überhaupt nicht zum Termin erscheinen würde und falls ja, ob er nicht wieder betrunken vor sich hin lallen würde. Ich versuchte, professionell zu agieren, aber das fiel mir wirklich schwer. Das änderte sich während der Anhörung allerdings doch noch einmal.

Entgegen meiner Erwartung kam Harald. Er war nicht volltrunken. Und er machte einen gänzlich anderen Eindruck als noch vor einigen Monaten, als wir uns kennengelernt hatten. Harald erschien samt Bewährungshelfer, Verteidigerin und seiner Schwester, die sich nun offenbar auch um seine Belange kümmerte. Harald wirkte für seine Verhältnisse gepflegt und aufgeräumt. Er war rasiert und trug gewaschene und gebügelte Kleidung. Ich hätte ihn fast nicht erkannt. Er fuhr im handbetriebenen Rollstuhl in den Saal ein. Kein Plastikbeutel, keine Pfandflaschen. Stattdessen hatte er eine Mappe dabei, in der er seine Dokumente sortiert hatte. Und einen Kugelschreiber! Ich meine, erinnern Sie sich, beim ersten Mal hatte ich ihm einen »Mutti-Zettel« schreiben müssen, weil er sich keinen Termin hatte notieren können. Jetzt hatte er eine sortierte Mappe mit einem eigenen Stift! Auch in der Anhörung selbst machte Harald einen guten Eindruck. Zu seiner Autobahnfahrt konnte er nicht viel sagen. Er habe eigentlich nur zu einem Bekannten fahren wollen und hatte gar nicht vorgehabt auf die Autobahn zu fahren. Irgendwie sei er da dann wohl einfach falsch abgebogen. Er hatte über die Brücke fahren wollen, um sich einen Umweg zu sparen und habe sich plötzlich auf dem Seitenstreifen der Autobahn wiedergefunden. Dass das für ihn und andere eine gefährliche Aktion war, war ihm in dem Moment (und in dem Zustand) natürlich nicht in den Sinn gekommen.

Dann sagte Harald etwas Seltsames: »Wissen Sie, Frau Richterin, diese Fahrt war genau das, was ich gebraucht habe. Ich hätte tot sein können. Und noch schlimmer, andere Menschen auch. Das ist mir hinterher bewusst geworden. Und genau das habe ich gebraucht.« Ich verstand erst nicht, was Harald damit sagen wollte. Aber dann erzählte er weiter. Am Tag nach dem Vorfall, als er zu Hause aufwachte, wurde ihm klar, was er getan hatte.
»Ich bin direkt in den Entzug gegangen«, sagte er, »ich habe vorher ja schon Suchtberatung gemacht, ich hatte einen Platz, aber ich hatte solche Angst davor. Und es war mies, richtig mies! Ich hatte Krämpfe, ich habe mir die Seele aus dem Leib gekotzt, ich dachte, ich sterbe. Dann habe ich hingeschmissen, bin nach Hause und habe gesoffen. Aber dann habe ich wieder an die Autobahn gedacht und mir gesagt: Harald, so willst du nicht enden. Da bin ich wieder da hingegangen.«

Und tatsächlich. Harald hatte es geschafft. Zumindest die Entgiftung hatte er durchgezogen. Zum Zeitpunkt seiner Anhörung war Harald trocken. Das allein stimmte mich noch nicht milde. Denn allein die

Kapitel 9 – Der Bewährungswiderruf

Entgiftung macht noch lange keinen dauerhaft trockenen Alkoholiker. Eine Sucht ist nicht damit beendet, dass der Körper entgiftet ist. Es bedarf einer Therapie, meist einer Langzeittherapie, um zu lernen, dauerhaft ohne die Droge leben zu können.

Aber das hatte auch Harald erkannt. Er hatte schon eine Therapie angefangen. Seine Verteidigerin hatte in enger Zusammenarbeit mit der Suchtberaterin alles in die Wege geleitet. Sie hatte Harald zunächst den Platz in der Entgiftung besorgt und dann für die Zahlungszusage der Krankenkasse für die Anschlusstherapie gekämpft. Das alles ist nicht selbstverständlich und ein gewisser bürokratischer Aufwand. Aber es war Haralds einzige Chance. Das hatte auch seine Anwältin gewusst. Deshalb hatte sie letztlich sogar Haralds Familie mit ins Boot geholt – oder zumindest das, was davon noch übrig war.

»Es wird jetzt alles anders, Frau Richterin«, sagte seine Schwester zu mir. »Wenn der Harald aus der Therapie kommt, dann soll der gar nicht nochmal in die Stadt. Der kommt zu mir. Meine Kinder sind aus dem Haus, ich bin geschieden. Ich habe genug Platz in meinem Haus. Ich nehme den Harald zu mir. Nur trinken darf der nicht mehr, das habe ich ihm gesagt. Ich nehme ihn trocken oder gar nicht!«

Die Anwältin legte dazu weitere Dokumente vor. Zusagen der Krankenkasse, den behindertengerechten Umbau des Hauses teilweise zu zahlen, Arztbriefe aus der Anschlusstherapie, wo Harald sich offen und behandlungswillig zeigte. Das alles ließ mich Haralds Bewährungswiderruf noch einmal ganz anders betrachten. War ich vor dem Termin noch fest davon ausgegangen, Harald nun doch ins Gefängnis zu schicken, musste ich jetzt doch noch einmal neu abwägen.

Ich habe mir für meine Entscheidung Zeit genommen. Ich habe einen neuen Termin bestimmt und mich auch noch einmal mit Herrn Kauf beraten. Ich war unsicher, vor allem angesichts der Gefahr, die

Harald betrunken wohl auch für andere darstellen konnte. Zugleich musste ich auch anerkennen, wie Harald sein Leben nun doch in neue Bahnen lenken wollte. *Aber wie wahrscheinlich war es, dass er das auch durchhalten würde? Kann man ein solches Risiko eingehen? Oder muss man es wegen der geänderten Umstände sogar?*

Letztlich habe ich Haralds Bewährung nicht widerrufen. Harald sollte seine Strafe noch nicht verbüßen. Aber ich zog die Daumenschrauben etwas fester. Ich passte den Bewährungsbeschluss an, verlängerte die Dauer der Bewährungszeit und trug eine zusätzliche Weisung ein. Nach § 56c Abs. 3 Strafgesetzbuch ist es nämlich ausdrücklich möglich, einem Verurteilten die Weisung zu erteilen, sich einer Entziehungskur zu unterziehen. Zumindest dann, wenn der Verurteilte zustimmte. Harald stimmte zu.

Wir hatten jetzt also einen neuen Deal: Es ging jetzt nicht mehr nur um den elektrischen Rollstuhl und darum, keine weiteren Straftaten zu begehen. Die Bedingungen für Haralds Bewährung waren härter geworden. Harald würde die Anschlusstherapie durchhalten müssen. Anschließend müsste er zu seiner Schwester ziehen. Würde sein Bewährungshelfer mir etwas anderes berichten oder Harald sich noch einmal strafbar machen, würde er die neun Monate absitzen müssen. Eine weitere Chance würde es nicht geben, das machte ich allen Beteiligten unmissverständlich klar. Ich würde auch nicht lange warten. Sollte Harald scheitern, würde ich schnell und konsequent entscheiden. Es lag jetzt an ihm, ob er die Anschlusstherapie absolvieren oder ins Gefängnis gehen würde.

Zumindest in der Zeit, in der ich noch für ihn zuständig war, hat Harald Wort gehalten. Regelmäßig kontrollierte ich Haralds Bewährung im Rahmen der Wiedervorlage und forderte Berichte von Haralds Bewährungshelfer an. Ich wollte besonders gründlich sein, beim kleinsten Anzeichen schon einen Widerruf in Betracht ziehen, notfalls unverzüglich handeln können. Aber es gab nur Positives zu vermelden. Harald hat seine Therapie erfolgreich beendet. Er war zu seiner Schwester gezogen und besuchte regelmäßig eine Psychologin, um die Folgen seines Unfalls und seiner Sucht weiter zu verarbeiten. Ab und an erreichten mich Briefe von Haralds Schwester, die mir schrieb, wie es Harald geht und seit wie vielen Tagen er trocken ist: 115, 271, 456. Harald ließ mir immer Grüße ausrichten. In diesem Frühjahr hat er zum ersten Mal seit Jahren wieder an einer Ausstellung für Rassehühner teilgenommen. Er hatte im Garten seiner Schwester wieder angefangen zu züchten. Ich verstehe nichts davon, aber Harald hat sogar einen Preis gewonnen. Etwas anderes habe ich von Harald nie wieder gehört. Harald hat sich bewährt und Straftaten von Dornröschen landeten nie wieder auf meinem Schreibtisch.

Kapitel 10
Die Beschlagnahme von Beweismitteln

§ 94 Strafprozessordnung

(1) Gegenstände, die als Beweismittel für die Untersuchung von Bedeutung sein können, sind in Verwahrung zu nehmen oder in anderer Weise sicherzustellen.

(2) Befinden sich die Gegenstände in dem Gewahrsam einer Person und werden sie nicht freiwillig herausgegeben, so bedarf es der Beschlagnahme.

(...)

»Ich soll bitte was machen?«, fragte ich fassungslos am Telefon.
»Sie müssen die Kinder beschlagnahmen!«, wiederholte die Stimme am anderen Ende der Leitung aufgeregt. Genau das hatte sie eben schon einmal zu mir gesagt. Akustisch hatte ich das schon vorher verstanden. Inhaltlich aber nicht. Ich soll Kinder beschlagnahmen? Bitte was?! Geht das überhaupt? Kinder sind doch keine Sachen, keine Beweismittel, die man mal eben bei einer Durchsuchung zufällig findet und in die Asservatenkammer steckt? Die kann ich doch nicht einfach beschlagnahmen. Oder hatte ich hier etwas falsch verstanden?

Ich war völlig perplex, denn sowohl menschlich als auch rechtlich war diese Anfrage die absurdeste, die ich an diesem Wochenende erhalten hatte. Und das will etwas heißen, denn ich kann Ihnen versichern, dass ich in meiner ganzen Laufbahn noch nie eine so geballte Ladung rechtlich abstruser und für mich völlig neuer Entscheidungen treffen musste wie an diesem Wochenende. Sie können es sich vielleicht schon denken, an diesem verrückten Wochenende, an dem sich Handbücher, Nachschlagewerke und Kommentare zusammen mit unzähligen leeren und halb vollen Kaffeetassen auf meinem Schreibtisch stapelten, versuchte ich, meinen ersten richterlichen Bereitschaftsdienst zu überstehen.

Dabei hatte ich noch Glück gehabt, denn der Bereitschaftsdienst traf mich erst, als ich schon fast ein ganzes Jahr als Richterin gearbeitet hatte. Ganz zu Anfang wäre es wohl noch schlimmer gewesen. Der sogenannte richterliche Bereitschaftsdienst ereilt Richterinnen und Richter insgesamt recht selten, denn er wird zwischen allen Kolleginnen und Kollegen im gesamten Landgerichtsbezirk aufgeteilt. Egal, in welchem Rechtsgebiet man arbeitet, irgendwann, etwa alle ein bis zwei Jahre, ist jeder einmal dran. Dabei stellt der Bereitschaftsdienst sicher, dass auch zu den Zeiten, zu denen Richterinnen und Richter für gewöhnlich nicht mehr arbeiten, die allernötigsten Beschlüsse und Anordnungen getroffen werden können. Es müssen Durchsuchungen angeordnet, Haftbefehle eröffnet, die Möglichkeiten weiterer Ermittlungsmaßnahmen geprüft werden. Aber auch Entscheidungen, denen nicht das Strafrecht zu Grunde liegt, müssen kurzfristig getroffen werden. Getrennte Eltern streiten kurzfristig über eine medizinische Behandlung ihres gemeinsamen Kindes, die Unterbringung eines psychisch kranken Menschen in einem Krankenhaus muss überprüft und angeordnet werden, die Polizei benötigt eine Entscheidung im Rahmen der Gefahrenabwehr, weil jemand seine Schusswaffen nicht ordnungsgemäß im Waffenschrank aufbewahrt, sondern lieber an der Wand aufhängt. Quer durch alle Rechtsgebiete gibt es so viele verschiedene Fragestellungen, die auf dem Schreibtisch des Bereitschaftsrichters landen können. Glauben Sie mir, Sie machen sich keine Vorstellungen davon!

Ich will an dieser Stelle ehrlich sein: Ich habe mir davon auch keine so konkreten Vorstellungen gemacht. Und entsprechend schlecht war ich auf meinen ersten richterlichen Bereitschaftsdienst vorbereitet.

Kapitel 10 – Die Beschlagnahme von Beweismitteln

Oder noch besser gesagt: entsprechend gar nicht war ich darauf vorbereitet. Als ich die Mitteilung bekam, dass ich in dieser Woche in den späten Abendstunden und am Wochenende den Bereitschaftsdienst übernehmen sollte, hatte mich das erst einmal wenig beeindruckt. Ich fühlte mich sicher. Von meiner Zeit als Staatsanwältin kannte ich den Bereitschaftsdienst bereits, damals hatte ich ganze Nächte Bereitschaft gehabt und schon wirklich verrückte Sachen erlebt. Zumindest im strafrechtlichen Bereich fühlte ich mich dem Ganzen also gewachsen. Für die übrigen Rechtsgebiete gab es Leitfäden und Handreichungen, die die Kolleginnen und Kollegen, die diese Gebiete täglich bearbeiten, extra zusammengestellt hatten. Mein Abteilungsleiter hatte mir einen dicken Leitzordner in die Hand gedrückt und mir versichert, dass ich damit für alle Eventualitäten gewappnet sei und mir keine Sorgen machen müsse. »Egal, was kommt, da drin finden Sie die Lösung«, hatte er gesagt. Das sollte sich allerdings als eine gravierende Fehleinschätzung entpuppen – eine Fehleinschätzung mit so fatalen Folgen, dass sie mich bis heute nicht losgelassen haben.

Schon lange vor der verrückten Anfrage, ob ich bitte diese Kinder beschlagnahmen könnte, war ich an diesem Wochenende ins Straucheln geraten. Am Freitagabend hatte mein Bereitschaftsdienst sehr stressig, aber fachlich noch gut beherrschbar begonnen. Die Polizei hatte eine kleinere Drogenküche für Crystal Meth entdeckt und erfolgreich das dortige Küchenpersonal samt Lieferanten festgenommen. Für sechs Herren Ende zwanzig sollte ich deshalb Haftbefehle erlassen und eröffnen. Eine Haftbefehlseröffnung nimmt zu normalen Geschäftszeiten der sogenannte Ermittlungsrichter vor. Da Wochenende war, war das jetzt aber mein Job. Glücklicherweise kannte ich dieses Prozedere schon gut aus meiner Zeit als Staatsanwältin. Die Überprüfung der Haftbefehle kostete mich eine knappe Stunde, die Anhörung der Beschuldigten samt sogenannter Eröffnung der Haftgründe drei weitere Stunden. Sechsmal derselbe Text: Tatvorwurf, Beweise, Haftgrund, Belehrung, Pflichtverteidigerbestellung, so weit, so gut. Danach ordnete ich die Beschlagnahme sämtlicher Drogen, Kochutensilien, Waagen, Geldscheine und Unterlagen als Beweismittel nach § 94 Strafprozessordnung an. Ich ging davon aus, dass die Sache damit für mich erledigt sei, und konnte zwar spät, aber mit einem relativ guten Gefühl nach Hause fahren, um ein paar Stunden zu schlafen. Mein Samstagmorgen sollte jedoch ganz anders verlaufen.

Schon als ich noch ziemlich müde um kurz vor sechs Uhr morgens das Bereitschaftstelefon einschaltete, vermeldete das kleine alte Ding mehrere Anrufe in Abwesenheit. Nach einer kurzen Rücksprache war klar: Mein Frühstück würde ausfallen, ich musste sofort ins Gericht. Die Kolleginnen und Kollegen der Polizei waren über Nacht fleißig gewesen; sie hatten die beschlagnahmten Beweismittel aus der Drogenküche ausgewertet und waren zu dem Verdacht gelangt, dass es in der Stadt noch weitere »Außenstellen« des Betriebs geben könnte. Deshalb hatten sie eine größere Razzia an mehreren Orten gleichzeitig geplant. Weil sich die gestrige Durchsuchung vermutlich in der Szene bald herumsprechen würde, galt es, schnell zu handeln.

Schon in den frühen Morgenstunden hatte der zuständige Staatsanwalt eine ganze Menge Beschlüsse beantragt, über die ich nun möglichst schnell zu entscheiden hatte. Als ich eine knappe halbe Stunde später in dem kleinen Bereitschaftszimmer des Gerichts ankam, drückte mir die Geschäftsstellenkraft, die mit mir Bereitschaft hatte, einen ganzen Stapel Anträge in die Hand. Weitere Durchsuchungen, Telekommunikationsüberwachungen, Funkzellenabfragen sollten angeordnet werden. Das war genau mein Metier und für mich unglaublich spannend!

»Ich nehme das mit in mein Büro«, sagte ich zu ihr und sah mich vor meinem geistigen Auge in Ruhe meine Kaffeemaschine anwerfen

Kapitel 10 – Die Beschlagnahme von Beweismitteln

und die Beschlüsse vorbereiten. Tatsächlich sollte ich nicht einmal in meinem Büro ankommen. Noch während ich mit dem Stapel Anträge in der Hand die Treppen durch das stille Gericht nach oben zu meinem Büro ging, klingelte das Bereitschaftstelefon. Es war ein dringender Anruf aus einem psychiatrischen Krankenhaus. Ich sollte eine Sieben-Punkt-Fixierung anordnen. Ich zog mein kleines Notizheft aus der Handtasche und setzte mich mitten auf die Treppe des Gerichts, während ich eilig die wichtigsten Eckdaten notierte. Ich versuchte, ruhig und konzentriert zu bleiben, merkte aber schon, dass ich jetzt definitiv keinen Kaffee mehr brauchen würde, um wach zu werden. Eine Sieben-Punkt-Fixierung meint die Sicherung eines Patienten an Armen, Beinen, Bauch, Brust und Kopf an ein Krankenbett, weil der Patient sich oder andere gefährden könnte. Das ist schon rein rechtlich keine Kleinigkeit. Es ist eine Maßnahme, die die Betroffenen in ihrer Freiheit einschränkt, wie es kaum eine andere kann. Und ich hatte sie noch nie in meinem Leben angeordnet. Dazu kam aber noch eine Zeitproblematik. Denn die Staatsanwaltschaft benötigte die Beschlüsse für die Drogenrazzia natürlich SOFORT. Jede vergehende Minute erhöhte das Risiko, dass die Polizei nichts mehr auffinden würde. Die Klinik, die mich angerufen hatte, benötigte meine Entscheidung allerdings auch SOFORT. Der Patient war bereits gefesselt, und ohne richterlichen Beschluss durfte die Fixierung nur 30 Minuten aufrechterhalten werden. Das ist eine Vorgabe des Bundesverfassungsgerichts, weil eine solche Fixierung ein enormer Eingriff in die Freiheitsrechte von Patientinnen und Patienten ist. Besonders heikel: Für eine solche Entscheidung war meine Anwesenheit in der Klinik erforderlich! Ich würde den Patienten anhören müssen. Die Klinik war aber gute 20 Kilometer vom Gericht entfernt. Ich musste also eigentlich sofort losfahren. Dann könnte ich aber unmöglich noch die Beschlüsse für die Razzia durchgehen. Ich beendete das Telefonat mit der Klinik und versuchte hektisch zu priorisieren und nicht in Panik zu geraten. Was war jetzt eiliger, der potenziell sich und andere verletzende Patient in der Psychiatrie oder die dringende Razzia? Mir schien beides wichtig. Doch ich musste eine Entscheidung fällen. Beides gleichzeitig anzugehen war ausgeschlossen. Mit den Anträgen und meinem Notizbuch in der Hand eilte ich wieder nach unten zum Bereitschaftszimmer. Was sollte ich nur machen? Auf halber Strecke blieb ich stehen. Mir war etwas eingefallen. Eilig drückte ich den Rückrufbutton für die Nummer der Polizeidirektion.

»Ich weiß, Sie brauchen die Beschlüsse für die Razzia so schnell wie möglich«, begann ich, »aber ich habe noch eine andere eilige Anfrage bekommen. Es gibt nur eine Möglichkeit, die Beschlüsse sofort zu erlassen«, erklärte ich, »sie müssen mich in die Psychiatrie fahren.«
Kurz war es ruhig am anderen Ende der Leitung.
»Ich soll bitte was?!«, fragte dann die Polizistin ziemlich verwirrt.
Rückblickend war meine Bitte vielleicht etwas seltsam. Da ruft eine Richterin an und möchte in die Psychiatrie gebracht werden...
Aber in diesem Moment wusste ich mir einfach nicht anders zu helfen. So schilderte ich ihr meine Bredouille und meine Idee: ein kleiner Shuttle-Service in blau-weiß würde es mir ermöglichen, eben doch beide Probleme gleichzeitig zu lösen. Ich könnte so während der Fahrt in die Psychiatrie die Anträge der Staatsanwaltschaft überprüfen und die Beschlüsse erlassen, die die Polizei so dringend benötigte. Gleichzeitig würde ich keine Zeit verlieren, was den fixierten Patienten in der Klinik anging. Die Kollegin der Polizei zögerte nicht. Keine fünf Minuten später hupte ein Polizeiauto vor dem Hinterausgang des Gerichts. Mit dem Arm voller Handbücher, Papiere, dem Laptop und dem Handy sprang ich auf die Rückbank und machte mich an die Arbeit.

Während ich auf dem Weg zur Psychiatrie war, war auch Sandra Schade auf dem Weg zu einer Klinik. Sie fuhr gemeinsam mit ihrem Kollegen Bernd Hohenstein zur Kinderklinik in der Innenstadt. Denn von dort hatte auch sie heute Morgen einen eiligen Anruf bekommen. Sandra war studierte Sozialpädagogin und seit mittlerweile sieben Jahren Mitarbeiterin des städtischen Jugendamtes. Heute Morgen sollte sie die Inobhutnahme eines Kindes überprüfen. Sie war mit dem Prozedere vertraut, da sie regelmäßig Kinder aus desolaten familiären Verhältnissen zu ihrem eigenen Wohl anderweitig unterbringen musste. Dass die Anforderung unmittelbar aus der Kinderklinik kam, war für sie aber doch neu. Entsprechend angespannt sah sie zum Eingang der Klinik, während ihr Kollege den Wagen auf einen Kurzzeitparkplatz lenkte. Im Eingangsbereich der Kinderstation wurde sie schon von einer Ärztin erwartet.

»Frau Schade?«, fragte die schlanke Mittvierzigerin, als sie die automatische Tür für die Besucher öffnete. Sandra nickte freundlich. »Ich bin Dr. Kirchner, ich leite die Station, wir hatten telefoniert«, stellte sich die Ärztin vor. Sandra schüttelte ihre Hand.

»Wir brauchen sofort eine Inobhutnahme. Der Kleine darf auf keinen Fall vorzeitig entlassen werden«, erläuterte sie, während sie Sandra und Bernd den Weg zu einem Patientenzimmer wies.

»Wenn die Mutter ihn wieder mitnimmt, besteht akute Lebensgefahr für das Kind.«

Sie öffnete die Tür des Zimmers. Sandra trat ein. In einem winzigen Bettchen, das von mehreren Wärmelampen und Monitoren umstellt war, lag an vielen bunten Schläuchen ein kleines, dünnes Baby. Es war der kleine Felix Nastarowicz.

Ich hatte inzwischen fast die ganze Fahrt zur Psychiatrie gebraucht, um die Anträge der Staatsanwaltschaft zu der geplanten weiteren Razzia zu überprüfen. Kurz bevor wir die Klinik erreichten, konnte ich kurz Luft holen. Zumindest dieser Teil meiner Arbeit war fürs Erste getan. Ich hatte mit dem Staatsanwalt telefoniert, den Großteil der Beschlüsse erlassen und konnte die Verantwortung erst einmal wieder an Polizei und Staatsanwaltschaft abgeben.

Von Entspannung konnte dennoch keine Rede sein! Denn jetzt musste ich in Windeseile von Strafrecht zu Zivilrecht umdenken. Es galt die Sieben-Punkt-Fixierung zu prüfen. Die Voraussetzungen einer Fixierung sind im Bürgerlichen Gesetzbuch geregelt und das hatte ich wirklich lange nicht mehr in der Hand gehabt. Der hoch gelobte Leitfaden für den Bereitschaftsdienst gab wenig her; der dicke Leitzordner hatte nur ein paar knappe Stichpunkte für mich. Aber immerhin wiesen sie mir den Weg zur richtigen Norm. Ich musste also selbst weiter prüfen, unter welchen Voraussetzungen ich die Fixierung anordnen könnte. Das Polizeiauto, das meinen Shuttle übernommen hatte, parkte zwischenzeitlich schon vor dem psychiatrischen Krankenhaus, während ich auf der Rückbank hektisch mit einem Hotspot von meinem Handy zu meinem Laptop in den juristischen Onlinedatenbanken Kommentierungen und das wichtigste Urteil zur Fixierung studierte. Mein Fachwissen zum Betreuungsrecht war gefährlich knapp. Gleichzeitig wusste ich, dass ich mich unheimlich beeilen musste. Denn, Sie erinnern sich, nach einer halben Stunde bedarf die Fixierung der richterlichen Überprüfung. Also notierte ich mir die wichtigsten Punkte in meinem Notizheft und schloss den Laptop. Meine Finger zitterten ein wenig, aber ich hatte keine Zeit mich zu sammeln. Also sprang ich aus dem Wagen und eilte zum Eingang der Psychiatrie.

Auf der Kinderstation der Uniklinik wusste Sandra inzwischen, warum das Jugendamt den kleinen Felix in Obhut nehmen sollte. Das Baby war am Wochenende meines Bereitschaftsdienstes gerade einmal sechs Tage alt. Er war nur wenige Stunden vor dem Anruf der Ärztin im Krankenhaus eingeliefert worden. Seine Mutter hatte ihn mit auffälligen Symptomen in die Notaufnahme gebracht und darum gebeten, das Baby zu untersuchen. Felix litt unter Kurzatmigkeit, er war kaltschweißig und kreidebleich. Anhaltend schrilles Schreien wechselte mit nahezu apathischen Phasen, in denen das Baby fast leblos da lag. So war es auch jetzt. Sandra war froh, auf den Monitoren die Atem- und Pulswerte zu sehen, die zeigten, dass der kleine Kerl doch noch lebte.

»Wir haben dann eine Blutanalyse erstellt«, erklärte die Ärztin gerade. »Es hat sich herausgestellt, dass er NAS hat. Er darf auf keinen

Kapitel 10 – Die Beschlagnahme von Beweismitteln

Fall zurück zur Mutter.« Sandra nickte. NAS war ihr als Mitarbeiterin des Jugendamtes ein Begriff. Ihr Kollege Bernd war noch nicht so lange dabei und sah die Ärztin fragend an. »NAS ist das neonatale Entzugssyndrom. Die Mutter muss schwer betäubungsmittelabhängig sein. Heroin, Crystal Meth, vielleicht auch beides. Sie hat den Kleinen wohl zu Hause ohne einen Arzt entbunden.«
Bernd riss die Augen auf. »Ja, Betäubungsmittel machen einiges möglich«, sagte die Ärztin. »Aber jetzt leidet das Kind. Er hat Entzugserscheinungen. Es klingt makaber, aber so ist es. Das Kind einer betäubungsmittelabhängigen Mutter wird durch die Verbindung mit ihrem Blutkreislauf abhängig von den Drogen, die die Mutter konsumiert. Mit der Geburt beginnt ein kalter Entzug, den der kleine Körper ohne medizinische Hilfe noch nicht überstehen kann. Immerhin hat die Mutter ihn jetzt ins Krankenhaus gebracht. Ohne die Infusion wäre er sonst vielleicht schon gestorben.«
»Wie sind jetzt seine Chancen?«, fragte Sandra beklommen.
»Wenn wir ihn weiter medikamentös stabilisieren, sieht es ganz gut aus. Aber er kann nicht nach Hause. Er braucht Infusionen, das Wärmebett und wahrscheinlich auch eine Lichttherapie. Und vor allem muss er überwacht werden. Wenn der Kreislauf absackt, müssen wir schnell sein.«
Sandra nickte. »Haben Sie den Arztbericht schon fertig?«, fragte sie. »Dann können wir alles in die Wege leiten.«
»Ja natürlich,« sagte die Ärztin, »Sie können ihn vorn am Tresen mitnehmen. Aber bevor Sie gehen, sollten Sie mit einer Hebamme sprechen. Wir glauben, es ist nicht nur der kleine Felix. Wir glauben, es gibt noch ein Kind.«

Ich hatte es zwischenzeitlich in die psychiatrische Klinik geschafft, die behandelnde Ärztin war schon sichtlich aufgebracht.
»Da kommen Sie ja endlich!«, begrüßte sie mich barsch. »Wir können hier nicht jedes Mal so lange warten und allein die Verantwortung übernehmen!«

Sie drückte mir die Behandlungsakte in die Hand und fasste die Eckdaten zusammen. Dann ließ sie mich mit einem Pfleger allein. Ich blätterte durch die Patientenakte. Glücklicherweise war die Situation zumindest medizinisch eindeutig. Der Patient, der fixiert worden war, litt an einer betäubungsmittelindizierten Psychose, die zu schizophrenen Schüben führte. Aktuell war er der Auffassung, ein Soldat im Ersten Weltkrieg zu sein, der Tunnel unter feindlichem Gebiet graben müsse. Was sich in der Akte zunächst fast unglaubwürdig las, wurde mit einem Blick in das Zimmer des Patienten bitterer Ernst. Fast unbedarft war ich dem Pfleger in das Patientenzimmer gefolgt. Beim Anblick des Raumes war ich allerdings vor Schreck direkt wieder rückwärts gegangen. Schockiert umklammerte ich die Patientenakte und schnappte nach Luft. Die Wände des eigentlich weiß gestrichenen Raumes waren übersät mit roten Spritzern und Striemen. Besonders zum Boden hin glichen sie dem Bild eines wildgewordenen expressionistischen Malers, der die weiße Wand mit roter Farbe beworfen hatte. Aber es war keine rote Farbe. Dem metallischen Geruch nach zu urteilen war das Blut. Meine Vermutung wurde durch einen Blick auf den Patienten bestärkt. Auf dem Bett lag – fixiert mit Gurten an Armen, Beinen, Bauch und Kopf – ein Mann mittleren Alters. Seine Hände und Arme waren blutverschmiert, die Fingernägel wie abgerissen. Auch an seinem Mundwinkel klebte geronnenes Blut. Seine Nase und seine Stirn zierten Platzwunden, die ebenfalls bluteten. Ich starrte ihn an und dachte an die Schilderung in der Patientenakte. Er hatte versucht sich im wahrsten Sinne des Wortes durch die Wand zu graben – mit seinen Fingern, denen jetzt die Nägel fehlten. Ich versuchte mich zu sortieren, denn ich sollte den Patienten ja anhören. Aber mir fehlten die Worte. Das Klingeln meines Telefons riss mich schließlich aus der Schockstarre. Ich zog das kleine schwarze Ding aus meiner Hosentasche. Die Nummer auf dem Display war zumindest nicht von der Polizei. Ich kannte sie nicht und beschloss zurückzurufen. Jetzt musste ich erst einmal über diesen Patienten entscheiden.

»Ich erreiche niemanden«, sagte Sandra Schade zu ihrem Kollegen. »Nicht schlimm«, antwortete Bernd. »Wir fahren da jetzt erstmal hin. Vielleicht ist es gar nicht so schlimm.« Sandra schüttelte den Kopf. »Das glaubst du doch selbst nicht«, sagte sie. Kurz zuvor hatten sie mit einer Hebamme gesprochen. Die erfahrene Frau hatte heute Morgen ihre Frühschicht auf der Neointensivstation angetreten. Auch die Pflege des kleinen Felix gehörte zu ihren Aufgaben. Als sie den Säugling wickelte und kopfschüttelnd über den harten Start nachdachte, den dieses Baby in seinem Leben haben würde, kam ihr ein beunruhigender Gedanke. Der Blick auf das Handgelenk von Felix hatte sie stutzen lassen. Der kleine Junge hatte wie alle Patientinnen und Patienten an seinem Arm ein kleines Bändchen, auf dem sein Name notiert war. Felix Nastarowicz, stand da geschrieben. Der Nachname kam der Hebamme bekannt vor. Nastarowicz... Als sie weiter darüber nachdachte, erinnerte sie sich! Vor etwa zwei Jahren, hatte eine junge Frau ein Baby in ihrem Kreissaal geboren. Eine junge Frau, die unmittelbar vor der Geburt Drogen konsumiert hatte. Die Geburt war deshalb alles andere als einfach gewesen. Auch dieses Baby hatte damals heftige Entzugserscheinungen bekommen. Sie wusste nicht mehr, wie die Geschichte damals ausgegangen war. Aber sie war sich sicher: Das Baby damals und natürlich auch die Mutter hießen Nastarowicz! Die Hebamme erinnerte sich genau an den Namen, denn sie hatte wegen der Entzugserscheinungen einige Vermerke schreiben müssen und die Schreibweise des ungewöhnlichen Namens mehrfach nachschauen müssen. Der Hebamme wurde klar: Der kleine Wurm, der sich in ihren Armen in Krämpfen wand, musste noch eine Schwester oder einen Bruder haben. Im Haushalt der offenbar schwer drogenabhängigen Frau musste ein weiteres Kind leben.

Nach diesem weiteren Kind würden Sandra und Bernd jetzt sehen. Sandra hoffte, dass Bernd recht behalten würde. Vielleicht würde es ja gar nicht so schlimm werden. Aber was, wenn doch? Und was, wenn sie dann den Bereitschaftsrichter noch immer nicht erreichen würden?

Ich hatte mich inzwischen wieder sortiert und tatsächlich versucht, den Patienten der Psychiatrie zu seiner Fixierung anzuhören. Geklappt hatte das nicht; er reagierte nicht auf meine Ansprache. Stattdessen murmelte er unverständlich vor sich hin, während seine Augen von einer Seite zur anderen die Wände absuchten. Ich notierte deshalb die Aussage des Pflegers, den der Patient angegriffen hatte. Er hatte ihn davon abhalten wollen, sich an der Wand selbst zu verletzen und war dabei von dem Patienten gestoßen und gekratzt worden. Dann besprach ich mit der behandelnden Ärztin die rechtlichen und medizinischen Möglichkeiten. Ich ordnete schließlich zumindest vorläufig an, dass der Patient für die nächsten 36 Stunden zur Versorgung seiner Wunden und bei weiteren selbstverletzenden schizophrenen Schüben fixiert werden kann. Kaum hatte ich die Beschlüsse notiert, eilte ich aus dem Krankenhaus zurück zu dem Polizeiauto, das auf dem Parkplatz auf mich wartete. Ich ließ mich auf die Rückbank fallen und atmete kurz durch. Mein Adrenalinspiegel war so hoch, ich zitterte nicht mehr nur an den Händen, sondern fast an meinem ganzen Körper.

Ich hatte binnen kürzester Zeit in einem für mich völlig fremden Rechtsgebiet eine rechtlich und menschlich schwierige Entscheidung treffen müssen. Ich glaubte zwar, vertretbar entschieden zu haben, aber ich hatte viel zu lange dafür gebraucht. Die halbe Stunde war mehr als überschritten worden. Zu diesem Zeitpunkt und mit diesem Wissensstand war ich meiner Aufgabe schlicht nicht gewachsen gewesen, zumindest nicht in der Kürze der Zeit.

Jetzt hätte ich eigentlich eine Pause und einen großen Kaffee gebraucht und erst einmal notieren sollen, was ich da gerade auf welcher Grundlage entschieden hatte. Aber dazu kam ich nicht. Ich konnte weder etwas notieren noch eine Pause machen. Schon wieder klingelte das Telefon. Als ich den Anruf der Nummer, die ich vorhin schon gesehen hatte, diesmal entgegennahm, schallte mir Sandras Stimme entgegen: »Sie müssen die Kinder beschlagnahmen! Jetzt sofort!«, rief sie ohne jede Einleitung.

Sandra und Bernd hatten die Wohnung von Felix' Mutter überprüft. Tatsächlich öffnete Felix' Mutter schon beim ersten Klingeln die Wohnungstür. Sandra erläuterte ihr, dass Felix vorübergehend in Obhut genommen werde und deshalb in den nächsten Tagen im Krankenhaus bleiben werde. Sie fragte freundlich, ob im Haushalt noch weitere Kinder leben würden. Felix' Mutter reagierte sichtlich gestresst. Sie rief, sie wolle ihr Baby zurück; die Ärzte hätten es doch nur untersuchen und ihr Medikamente mitgeben sollen. Es würde doch kein Problem geben, ihr Baby sei einfach nur krank geworden, sie würde das alles hinbekommen. Dabei versperrte sie Sandra so gut es ging den Blick in das Innere ihrer Wohnung. Sandra, die ja wusste, dass Felix Mutter log, überlegte nicht lange.

Als sie bemerkte, dass die Mutter die Tür zudrücken wollte, stellte sie ihren Fuß dagegen. Dann schob sie sich beherzt in den Flur der Wohnung. Dort blieb sie schockiert stehen. Schon der Flur war übersät von benutzten Windeln, Taschentüchern und Küchenpapier mit Resten von Urin, Kot und Erbrochenem. Sandra nahm die Hand vor das Gesicht, um sich vor dem Geruch zu schützen, und ging schnellen Schrittes weiter in das Wohnzimmer. Dort stolperte sie direkt über mehrere Beutel mit Müll und weiteren Windeln. Der Raum war düster und nur schwach beleuchtet. Die einzige Lichtquelle war eine Glühbirne an der Decke in der Mitte des Raumes. Die Fenster waren mit dunklen Decken und schwarzen Tüchern abgedunkelt, sodass kein Tageslicht einfallen konnte. Sandra musste sich für einen Moment an die Dunkelheit gewöhnen. Dann sah sie in der Mitte des Raumes ein ausgeklapptes Schlafsofa mit mehreren Kissen und ersichtlich verschmutzten Bettdecken. Der Boden des Raumes war gezeichnet von Kot- und Urinflecken. Auf einem kleinen Tisch lagen Utensilien zum Aufkochen und Konsumieren von Heroin. Sandra vernahm ein Wimmern und schaute nochmal auf das Sofa. Dort, inmitten des ganzen Unrats und der schmutzigen Decken, lag wimmernd ein dünnes, blasses Kleinkind. Es war Celine, Felix' zweijährige Schwester. Noch bevor Sandra in irgendeiner Form auf das, was sie gesehen hatte, reagieren konnte, begann Felix' Mutter zu schreien. Gleichzeitig schlug mit einem Knall die Tür des kleinen Badezimmers auf und aus dem Bad eilte ein junger Mann. Es war der Partner von Felix' Mutter, eventuell auch der Vater der Kinder; so genau ließ sich das später nicht mehr feststellen.

»Was ist denn hier los?«, rief er. »Die wollen die Kinder!«, rief die Frau. Dann sah der Mann Sandra an der Schwelle zum Wohnzimmer stehen.

»Raus!«, schrie er, ohne zu wissen, wen er überhaupt vor sich hatte. Sandra hatte nichts erwidern können. Noch bevor sie hatte Luft holen können, zog er sie am Arm in den Flur. Dann stieß er sie grob vor den Brustkorb, sodass sie an die Wand prallte.

»Seht zu, dass ihr verschwindet, bevor ich euch Beine mache! Raus hier!«, schrie er. Sandra stolperte ins Freie, wo Bernd nur ängstlich hinter der Tür wartete. Dann war Sandra zum Auto gerannt und hatte die Polizei verständigt. Die nächste Nummer, die sie gewählt hatte, war die meines Bereitschaftstelefons.

»Sie müssen die Kinder beschlagnahmen!«, forderte sie nochmals, nachdem sie mir eilig die ganze Geschichte von Felix und Celine geschildert hatte.

»Sofort!«, rief sie nachdrücklich. Ich saß noch immer auf dem Rücksitz des Polizeiautos, das mich gerade wieder zurück zum Gericht gebracht hatte. Ich war noch nicht einmal dazu gekommen, auszusteigen. Denn während die Mitarbeiterin des Jugendamts erzählte, hatte ich auf dem Schoß Notizen zu den Geschehnissen gemacht. Gleichzeitig hatte ich fieberhaft überlegt, wie zur Hölle ich zwei Kinder beschlagnahmen sollte.

Das war doch rechtlich gar nicht möglich! Ich zitterte, ich schwitzte, denn panisch hatte ich festgestellt: ich hatte absolut keine Ahnung, wie so etwas gehen könnte. Ich wusste nur eins: Die Beschlagnah-

Kapitel 10 – Die Beschlagnahme von Beweismitteln

me, die ich kannte, war definitiv NICHT einschlägig. Denn ich kannte natürlich nur die Beschlagnahme im strafrechtlichen Ermittlungsverfahren. Nach § 94 Strafprozessordnung kann die Beschlagnahme von Beweismitteln im Strafverfahren angeordnet werden, wenn die Person, die die Gegenstände in Gewahrsam hat, sie nicht freiwillig herausgibt. Aber die Kinder waren ja definitiv keine Beweismittel und auch keine Gegenstände. Und ein Strafprozess lag hier auch nicht vor. Das passte vorn und hinten nicht. Und gleichzeitig wusste ich: die Kinder konnten bei den Eltern nicht bleiben. Sie waren in Gefahr. Beide. Ich musste eine Entscheidung treffen. Aber für eine rechtlich korrekte Entscheidung musste ich recherchieren. Und die Zeit hatte ich nicht. Denn vor der Wohnung von Felix' Mutter war mittlerweile die Polizei eingetroffen. Sie war bereit die Anordnung des Jugendamtes umzusetzen, wenn ein Gericht sie bestätigen würde.

»Fuck!« fluchte ich laut auf dem Rücksitz und verabschiedete mich dann bei der Polizistin, die mich mitleidig ansah. Ich war noch nicht im Büro angekommen, als Sandras Nummer wieder auf dem Display des Bereitschaftstelefons blinkte.

»Sie müssen sofort entscheiden!«, rief sie, kaum dass ich abgenommen hatte. »Der Vater hat die Wohnung verlassen, wir befürchten, er fährt ins Krankenhaus, um Felix zu holen.«
Mit dem Telefon am Ohr lief ich die Treppen nach oben und stieß die Tür zu meinem Büro auf. Ich warf den Leitzordner, der mir angeblich hatte helfen sollen, wütend in die Ecke. Ich hatte ihn im Polizeiauto schon durchgesehen. Aber nichts, absolut nichts hatte auf meine Situation gepasst.
»Wir können nicht länger warten«, sagte Sandra nochmal.

Und bevor ich es selbst realisierte, hörte ich mich antworten: »Dann ordne ich an. Holen Sie das Kind da raus! Das Baby bleibt im Krankenhaus. Die förmlichen Beschlüsse reiche ich nach.«

»Danke«, antwortete Sandra und beendete das Telefonat. Ich lehnte mich an meine Bürotür und ließ mich zu Boden rutschen. Ich hatte keine Ahnung, ob das gerade rechtlich richtig gewesen war. Ob ich eine Legitimierung finden würde. Aber es konnte, nein, es durfte ja gar nicht anders sein, diese Kinder mussten einfach beschützt werden!

Letztlich hatte ich eine Beschlagnahme nicht anordnen können. Denn natürlich ist das Strafrecht hier nicht einschlägig. Binnen der nächsten halben Stunde fand ich die Lösung im Gesetz. Es funktioniert so: Der Aufenthalt von Minderjährigen wird grundsätzlich durch ihre Sorgeberechtigten bestimmt. Denn das sogenannte Aufenthaltsbestimmungsrecht ist Teil des Sorgerechts. Wenn eine dringende Gefahr für das Wohl des Kindes es erfordert, kann das Jugendamt ein Kind jedoch in Obhut nehmen. Das ist im achten Sozialgesetzbuch in § 42 geregelt. Eine Norm übrigens, die ich zuvor noch nie auch nur gelesen hatte. Nicht einmal im Studium. Widersprechen die Eltern des Kindes der Inobhutnahme, muss das Jugendamt umgehend eine familiengerichtliche Entscheidung herbeiführen. Aber Felix' Eltern hatten ja deutlich gemacht, dass sie ihr Baby aus dem Krankenhaus abholen wollten und das zweite Kind auf keinen Fall einfach an das Jugendamt übergeben würden. Also musste ich als Bereitschaftsrichterin die familiengerichtliche Entscheidung treffen, die das Sozialgesetzbuch so schemenhaft erwähnt hatte. Dazu blätterte ich mich durch das Zivilrecht, das ja eigentlich einschlägig sein musste, wenn es um Familienrecht ging. Es bedurfte noch einiger Seiten Gesetze, Kommentare und eines Handbuchs, bis ich die Lösung endlich gefunden hatte: ein Teil meiner Lösung war § 1666 des Bürgerlichen Gesetzbuchs. Danach kann das Familiengericht – in diesem Fall also ich – wenn *das »körperliche, geistige oder seelische Wohl eines Kindes gefährdet ist und die Eltern nicht willens oder in der Lage sind, die Gefahr abzuwenden, die Maßnahmen treffen, die zur Abwendung der Gefahr erforderlich sind.«*

Dazu gehört notfalls auch die vollständige oder teilweise Entziehung der elterlichen Sorge. Und diese umfasst wiederum das Aufenthaltsbestimmungsrecht. Ich konnte also zur Abwendung der Gefahr, in der sich die Kinder aufgrund unmittelbarer Schädigung durch die Betäubungsmittel im Haushalt und den prekären Zustand der Wohnung befanden, das Aufenthaltsbestimmungsrecht der Eltern entziehen und es zumindest vorübergehend jemand anderem zuweisen. Nach §§ 49, 157 Abs. 3 des Gesetzes über Verfahren in Familiensachen (das ich wohl seit den letzten Klausuren im Staatsexamen nicht mehr aufgeschlagen hatte) konnte ich dazu eine einstweilige Anordnung erlassen. Dann wäre meine Entscheidung sofort umzusetzen.

Mehr schlecht als recht entwarf ich also eine solche Anordnung und bestimmte, dass das Aufenthaltsbestimmungsrecht vorübergehend auf das Jugendamt zu übertragen war. Weiter ordnete ich an, dass Felix im Krankenhaus verbleiben und seine Schwester aus der Wohnung verbracht und ärztlich untersucht werden solle. Eilig ließ ich dem Jugendamt meine Entscheidungen faxen und war dann fix und fertig in meinen Bürostuhl gesunken. Meine Hände zitterten schon wieder. Oder noch immer, ich wusste es schon gar nicht mehr.

So sehr ich mich auch beeilt und mit meiner erst einmal ungeprüften Entscheidung aus dem Fenster gelehnt hatte, so wenig hatte ich der kleinen Celine am Ende helfen können. Als die Polizei schließlich die Wohnung öffnete, war ihre Mutter mit dem Mädchen durch den Hinterausgang geflüchtet. Ihr Mann im Auto war wohl nur ein Ablenkungsmanöver gewesen. Auch in den nächsten Tagen kehrte die Mutter nicht zurück. Die Polizei hatte weder sie noch ihre Tochter auffinden können. Wenige Tage später gab es Anhaltspunkte dafür, dass sie sich ins Ausland abgesetzt hatte. Den kleinen Felix hatte sie im Krankenhaus zurückgelassen. Ihr Mann hatte wenig später noch einmal versucht, Felix abzuholen. Dank meiner Anordnung war zumindest das aber nicht möglich. Felix konnte im Krankenhaus erfolgreich behandelt werden und wurde danach vorübergehend

Kapitel 10 – Die Beschlagnahme von Beweismitteln

in eine Pflegefamilie integriert. Zumindest kurzfristig hatte ich ihn schützen können. Für Celine waren wir zu spät gekommen.

Noch heute denke ich oft darüber nach, was für ein Schicksal das kleine Mädchen wohl erleiden musste und ob ich, wenn ich schneller entschieden, wenn ich schon beim ersten Anruf die Inobhutnahme angeordnet hätte, wenn ich direkt gewusst hätte, wie es geht, ob ich vielleicht etwas daran hätte ändern können. Vielleicht wären Celine und ihre Mutter noch in der Wohnung gewesen, wenn das Jugendamt und die Polizei ein paar Minuten früher meine Anordnung gehabt hätten. *Und auch wenn die Vernunft in mir weiß, dass für Straftaten immer nur die Straftäterinnen und Straftäter verantwortlich sind und ich nicht die Schuld dafür tragen kann, wenn andere Menschen schreckliche Dinge tun, fühle ich mich noch immer schlecht, wenn ich mich frage, was wohl mit Celine geschehen ist.* Und was hätte passieren können, wenn ich schneller, besser gewesen wäre, kompetenter in anderen Rechtsgebieten und schlicht besser vorbereitet auf den Bereitschaftsdienst. Wenn ich an Celine denke, stelle ich das System des richterlichen Bereitschaftsdienstes in Frage, weil es von uns Richterinnen und Richtern erwartet, in allen Rechtsgebieten gleichermaßen spezialisiert und erfahren zu sein. Und zugleich stelle ich mich in Frage, weil ich es einfach noch nicht bin.

Kapitel 11
Die Ernennung auf Lebenszeit

§ 12 Deutsches Richtergesetz

(1) Wer später als Richter auf Lebenszeit oder als Staatsanwalt verwendet werden soll, kann zum Richter auf Probe ernannt werden.

(2) Spätestens fünf Jahre nach seiner Ernennung ist der Richter auf Probe zum Richter auf Lebenszeit oder unter Berufung in das Beamtenverhältnis auf Lebenszeit zum Staatsanwalt zu ernennen. Die Frist verlängert sich um die Zeit einer Beurlaubung ohne Bezüge.

»Einatmen, Ausatmen«, dachte ich mir und konzentrierte mich für einen Moment darauf, wie sich mein Brustkorb rhythmisch hob und senkte. »Ich kann das«, redete ich mir selbst zu, wie ich es schon seit Jahren machte. »Ich muss nur ruhig bleiben. Einatmen. Ausatmen.«

Ich zupfte am Kragen des Blazers, den ich heute übergezogen hatte. Bewusst langsam schlug ich die Beine von der einen auf die andere Seite übereinander. Ich blickte auf die Tür, vor der ich saß. »Seifert, Leiter Abteilung I« stand in kleinen schwarzen Buchstaben auf einem Schild aus Milchglas neben der schweren Holztür. Ich glaube, so nervös war ich das letzte Mal vor meiner ersten Verhandlung als Strafrichterin. Das war mittlerweile gut eineinhalb Jahre her. Vielleicht erinnern Sie sich noch; ich war gegen die Tür meines Saales gelaufen. Sie hatte so ähnlich ausgesehen wie diese hier. Das würde mir heute hoffentlich nicht passieren. Ich war angespannt. Meine Atmung hatte ich schon lange nicht mehr bewusst beruhigen müssen. Aber heute, vor dieser Tür, war es wieder soweit. Die Tür, die ich aufgeregt anstarrte, befand sich im Landesjustizministerium. Die

Kapitel 11 – Die Ernennung auf Lebenszeit

Abteilung I ist, wie die Zahl schon vermuten lässt, eine der wichtigsten in der Justiz des ganzen Landes. Denn die Abteilung I trifft die Personalentscheidungen. Hier wird bestimmt, wer Richterin oder Richter, Staatsanwältin oder Staatsanwalt wird und wer letztlich wo und wie arbeiten wird. Hier wird über Karrieren entschieden, über Lebenswege und Schicksale bestimmt. Und für eine solche Entscheidung saß ich nun auch auf der kleinen schwarzen Ledercouch vor dem Zimmer des Abteilungsleiters der Personalabteilung. Ich blickte auf die Uhr. Noch zwei Minuten. Zwei Minuten, bis sich die Tür mit dem Schild aus Milchglas für mich öffnen würde. Zwei Minuten bis zu dem Gespräch, in dem sich entscheiden würde, wie meine Karriere weitergehen würde. Zwei Minuten, bis ich erfahren würde, wie mein weiteres Leben als Juristin verlaufen wird. Der Minutenzeiger sprang nach vorn. Noch eine Minute.

Während ich wartete, dachte ich an meine Anfangszeit als Richterin zurück. Wie vehement ich mich gegen den Wechsel zum Amtsgericht gewehrt hatte und wie gern ich Staatsanwältin geblieben wäre, weil ich mich bei der Staatsanwaltschaft so wohl und angekommen gefühlt hatte. Und wie falsch ich mich damals verhalten hätte, wenn ich selbst hätte entscheiden können. Wenn Herr Seifert, wenn die Abteilung I damals nicht während der Probezeit entschieden hätte, mich ans Amtsgericht zu versetzen, wäre ich nie freiwillig gegangen. Ich wäre Staatsanwältin geblieben und hätte nicht ohne Not die Stadt oder auch nur die Behörde gewechselt. Warum? Wenn ich ehrlich bin, dann wohl nicht nur, weil ich so gerne Staatsanwältin gewesen war. Ein Stück meiner Scheu lag wohl auch darin begründet, dass die Richterstelle so weit außerhalb meiner Komfortzone lag. Ich musste noch einmal neu anfangen, noch einmal Einsteigerin, Anfängerin sein, mich unerfahren neuen Aufgaben stellen. Noch einmal beweisen müssen, dass ich als junge Frau dieser gewaltigen Aufgabe der Rechtsprechung gewachsen war. Allen anderen, aber auch mir selbst. Das ist unbequem, das macht Angst. Und rückblickend hatte das wohl auch einen Teil meiner Scheu ausgemacht. Rückblickend war es also mehr als gut gewesen, dass die Abteilung I mich ein wenig gestoßen und geschoben und so aus meiner Komfortzone heraus gezwungen hatte. Denn was hatte ich in den letzten eineinhalb Jahren alles lernen können! Ich hatte mein fachliches Wissen enorm erweitert, kannte jetzt nicht nur die Abläufe bei der Staatsanwaltschaft, sondern auch bei Gericht. Der Perspektivenwechsel hatte mir gezeigt, wie die andere Seite des Strafprozesses aussieht. Ich glaube, das war die wichtigste Erfahrung, die ich machen konnte.

Hatte ich früher noch geglaubt, dass Richterinnen und Richter diejenigen wären, die den Strafprozess wirklich lenkten, so wusste ich es nun besser. In eineinhalb Jahren als Richterin hatte ich gelernt die Verhandlung zu leiten und in meinem Sitzungssaal diejenige zu sein, die das Zepter in der Hand hält und im Zweifelsfall am längeren Hebel sitzt.

In meinem Sitzungssaal entscheide ich, soweit habe ich die Macht. Aber ich hatte auch gelernt, dass diese Macht mit meinem Urteil endet.

Ich mochte als Richterin vielleicht die Verhandlung an meinem Amtsgericht geleitet haben, aber den eigentlichen Strafprozess hatte ich nicht in der Hand. Ich hatte immer nur Einfluss auf den kleinen Ausschnitt des Verfahrens, der an meinem Gericht stattfand. Auf den teilweise großen Rest konnte ich keinen Einfluss nehmen.

Denn wer leitet die Ermittlungen, noch bevor es überhaupt zu Gericht geht? Wer entscheidet darüber, welchen Ansätzen nachgegangen wird? Wer kann Rechtsmittel einlegen, wenn ihm mein Urteil nicht gepasst hat und so doch wieder alles verändern? Wer hat ein Veto bei fast allen prozessualen Entscheidungen und ist obendrein auch noch zuständig für die Vollstreckung von Strafen? Es ist die Staatsanwaltschaft! Diese Erkenntnis hatte ich als Staatsanwältin noch nicht gehabt. Damals hatte ich Richterinnen und Richter für den Nabel der Welt, zumindest den Nabel des Strafprozesses, gehalten. Jetzt als Richterin hatte ich meine Meinung ein Stück weit geändert. Vielleicht war im Großen und Ganzen betrachtet doch die Staatsanwaltschaft diejenige, die den größeren Einfluss nehmen konnte. Die Frage, die sich mir nun aber aufdrängte und die immer präsenter wurde, je länger ich vor der Tür mit dem Schild aus Milchglas warten musste, aber war: Wo wollte ich künftig sitzen? Welcher Platz sollte meiner sein? Würde ich wieder Staatsanwältin werden, so wie ich es geplant hatte oder wollte ich nun doch Richterin sein, nachdem ich es einmal habe probieren können? Wo gehörte ich hin? Wo sah ich meine Zukunft?

Denn diese Frage würde mir Herr Seifert wahrscheinlich gleich stellen. Er würde zuerst fragen, wie mir meine Zeit am Amtsgericht gefallen hatte. Das war einfach. Sehr gut! Das konnte ich ehrlich heraus behaupten. Denn nachdem ich meine Anfangsschwierigkeiten überwunden hatte, nachdem ich wusste, wie man Saaltüren öffnet, wie man mit schwierigen Verteidigern und betrunkenen Angeklagten umgeht, nachdem ich beschlossen hatte die Meinung lästernder Kollegen zu ignorieren und meine Entscheidungen nach dem Gesetz und trotzdem nach meinem Bauchgefühl zu treffen, hatte ich mich als Richterin wirklich wohl gefühlt.

Ich hatte auch diesen Job unglaublich gern gemacht. Ich hatte es geliebt, die Verhandlung zu leiten, zu diskutieren, zu kommunizieren und am Ende auch einfach zu entscheiden. Ich hatte die Freiheit geliebt, zu kommen und zu gehen, wann es mir passte, meine Termine selbst zu bestimmen und notfalls auch einfach selbst aufzuheben. Ich war diejenige gewesen, die niemals zu spät kam. Denn ohne mich fing niemand an. Einen freien Nachmittag musste ich nur vor mir selbst rechtfertigen, denn als Richterin war ich nicht mehr weisungsgebunden. Jetzt würde ich mich fragen müssen, ob ich bereit war, diese Freiheiten wieder aufzugeben.

Kapitel 11 – Die Ernennung auf Lebenszeit

Ob ich, wie ich vor eineinhalb Jahren lautstark verkündet hatte, postwendend zurück zur Staatsanwaltschaft gehen würde, sobald ich eine Chance dazu hätte. Oder ob ich vielleicht doch lieber die freie Richterin bleiben wollte. Es war eine unglaublich schwierige Frage, die mir schon mehrere schlaflose Nächte bereitet hatte. Denn das Schlimme (oder Gute) war ja, dass mir beide Rollen so gut gefallen hatten! Die taffe, ermittelnde Staatsanwältin – immer nah am Geschehen, live am Tatort, im Austausch mit der Polizei, streitend, diskutierend, kämpfend in der Verhandlung – war eine Rolle, die mir persönlich entgegenkam. Aber auch die faire, mutige Richterin, die sich für die Rechte der Prozessbeteiligten einsetzt und versucht, die rechtlich und menschlich richtige Lösung zu finden, war ich ebenfalls. Was also wollte ich in Zukunft sein?

Noch bevor ich mir selbst die Frage endgültig hatte beantworten können, öffnete sich die Tür mit dem weißen Milchglas. »Bitte kommen Sie herein, Frau Stahl!«, forderte mich Herr Seifert freundlich, aber doch reserviert, mit einer einladenden Handbewegung auf, ihm in sein Büro zu folgen.

Fast etwas zittrig erhob ich mich von der Couch und folgte ihm so souverän wie möglich. Der Raum, den ich betrat, war der Abteilung I würdig. Neben großen, bodentiefen Fenstern stand ein großer runder Besprechungstisch aus Glas. Die gegenüberliegende Wand zierten deckenhohe Bücherregale mit Fachliteratur und Akten. Personalakten, dachte ich. Denn die Akten hatten alle die Farbe wie diejenige, die Herr Seifert auf den Besprechungstisch gelegt hatte. Die Akte, auf deren Deckblatt mein Name prangte.

»Bitte nehmen Sie Platz«, sagte Herr Seifert und deutete auf einen der schwarzen Lederstühle am gläsernen Besprechungstisch. Dann schloss er die Tür.

Eine knappe halbe Stunde später öffnete Herr Seifert die Tür wieder für mich. Er schüttelte mir die Hand und auf unsicheren Beinen verließ ich den Besprechungsraum der Abteilung I.

Kapitel 11 – Die Ernennung auf Lebenszeit

Zittrig ließ ich mich kurz auf die schwarze Ledercouch im Flur sinken. Ich atmete tief durch und versuchte zu erfassen, was da gerade passiert war. Denn entgegen meinen Erwartungen hatte Herr Seifert mich nicht gefragt, ob ich lieber Strafrichterin bleiben oder wieder Staatsanwältin werden wollte. Im Grunde hatte er mich gar nicht gefragt, was ich wollte. Stattdessen hatte er mir aufgezeigt, welchen weiteren Weg sich die Abteilung I für mich überlegt hatte.

Mein Inneres hatte sich gesträubt, weil man mir offenbar schon wieder eine Stelle aufzwingen wollte, weil man sich schon wieder gar nicht für meine Wünsche, meine Lebensumstände und meine Gedanken interessierte. Weil man schon wieder einen Plan für mich hatte, bevor man mich nach meinen Plänen gefragt hatte. Und doch war der Vorschlag der Abteilung I eine Möglichkeit, die ich noch nicht einmal für möglich gehalten hatte. Ich hatte noch nicht einmal gewusst, dass so etwas für mich in Betracht kommen könnte. Ich schüttelte reflexartig den Kopf, als ich darüber nachdachte.

Einen Moment starrte ich noch vor mich hin und versuchte zu erfassen, was da gerade passiert war. Dann stand ich von der Couch auf. Ich straffte meine Schultern und ging mit bewusst festem Schritt zum Ausgang.

Denn nun hatte ich zu tun. Ich musste nachdenken. Ich musste Gespräche führen, Informationen einholen, abwägen. Ich würde mit Herrn Kauf sprechen und mit Linda. Vielleicht würde ich auch den Präsidenten meines Gerichts um Rat fragen. Aber Zeit, hier herumzusitzen und zu grübeln, hatte ich jedenfalls nicht. Ich hatte zwei Tage Bedenkzeit, um mich zu sortieren und meine Hausaufgaben zu machen, dann musste ich entscheiden. Dann musste ich Herrn Seifert mitteilen, ob ich den Weg gehen wollte, den er für mich vorgesehen hatte. Einen Weg, von dem ich bis eben nicht gewusst hatte, dass es ihn gab und der so viel weiter aus meiner Komfortzone herausragte, als ich mir nur hatte vorstellen können. Einen Weg, der nicht nur Scheu, sondern auch Angst in mir hervorrief.

Aber da Sie mich ja nun schon ein bisschen kennen, muss ich Ihnen vermutlich nicht erzählen, wie ich mich entschieden habe.

Danke

Mein erster und größter Dank gilt meiner Familie, die mir Unterstützung und zugleich Motivation ist und ohne die es schlicht undenkbar gewesen wäre, neben meiner Arbeit in der Justiz ein Buch zu schreiben. Denn auch mein Tag hat nicht mehr als 24 Stunden. Selbst wenn ich die Nacht dazu nehme. Ich danke meinen Freunden, die immer an mich glauben und mich in jeder verrückten Idee bestärken. Ein ganz besonderer Dank aber gebührt meiner Lieblingskollegin Linda, mit der ich immer wieder Fälle und rechtliche Probleme besprechen und durchdenken kann. Mein Dank gilt auch meiner engagierten Literaturagentin, ohne die dieses Buch wahrscheinlich nie in die Hände seiner Leserinnen und Leser gefunden hätte. Und schließlich gilt er vor allem euch: den Leserinnen und Lesern. Tausend Dank für euer Feedback, eure Begeisterung, eure Ermutigung zu allem, was ich bislang geschrieben habe. Ohne euch würde es dieses Buch nicht geben!

Herzlichst,

Karlotta Stahl